KB045903

썬 킴 의
영 화 로
들여다보는
역   사

썬킴의 영화로 들여다보는 역사

초판 1쇄 인쇄일 2023년 4월 28일
초판 3쇄 발행일 2024년 10월 25일

지은이 썬킴

발행인 조윤성

편집 김예린 **디자인** 최초아 **마케팅** 이지희
발행처 ㈜SIGONGSA **주소** 서울시 성동구 광나루로 172 린하우스 4층(우편번호 04791)
대표전화 02-3486-6877 **팩스(주문)** 02-585-1755
홈페이지 www.sigongsa.com / www.sigongjunior.com

글 ⓒ 썬킴, 2023

ISBN 979-11-6925-744-2 03900

*SIGONGSA는 시공간을 넘는 무한한 콘텐츠 세상을 만듭니다.
*SIGONGSA는 더 나은 내일을 함께 만들 여러분의 소중한 의견을 기다립니다.
*잘못 만들어진 책은 구입하신 곳에서 바꾸어 드립니다.

WEPUB 원스톱 출판 투고 플랫폼 '위펍' __wepub.kr
위펍은 다양한 콘텐츠 발굴과 확장의 기회를 높여주는
SIGONGSA의 출판IP 투고·매칭 플랫폼입니다.

썬 킴 의

영 화 로
들여다보는
역   사

썬킴 지음

SIGONGART

프롤로그

많은 분들이 역사라고 하면 단순 연도나 인물 이름을 암기해야 하는 지루한 공부라고 생각합니다. 그렇지 않아요. 이렇게 보시면 돼요. 현재 우리 주변에 사람 사는 이야기를 시사時事라고 하고, 옛날에 사람이 살았던 이야기를 역사歷史라고 합니다. 맞아요. 역사는 '사람 사는 이야기'입니다. 아니, 옛날이니까 '사람 살았던 이야기'지요.

사람의 이야기다 보니, 그 당시 살았던 사람들의 웃음, 슬픔, 좌절, 행복들도 다 들어 있는 것이 역사의 본질이랍니다. 그런데 그런 사람 사는 이야기를 우리는 학교에서 그 사람들의 이름, 그 아픈 좌절을 당한 연도만 외우게 강요당했으니 역사 소리만 들어도 경기를 일으키는 건 당연한 일입니다.

자, 역사를 사람 사는 이야기라고 봤을 때, 우리 주변에 또 다른 사람 사는 이야기가 있지요? 맞습니다. 바로 영화입니다. 영화를 보면서 우리는 울고 웃고 분노하고 행복해하잖아요. 사실은 원래 우리가 역사를 공부할 때 마치 영화를 보듯이 해야 해요. 이순신 장군이 모함으로 백의종군하셨을 때는 '이순신 – 백의종군 – 정유재란'이란 공식을 외우는 것이 아니라, 그 페이지에서 잠시 역사책을 접고 같이 분노해야 정상이랍니다. 즉, 역사를 공부하실 때는 영화를 보듯이 당시 살았던 사람들에게 빙의해서 그들이 느꼈을 감정과 경험을 같이 따라가셔야 해요.

사실 영화는 역사를 공부하는 아주 좋은 매개체랍니다. 영화 〈진주만〉을 통해 2차 대전의 참상에 대해 알 수 있고, 또 〈바람과 함께 사라지다〉를 통해 미국 남북전쟁에 대해 알 수 있지요. 반대로 아이러니하게도 역사를 모르면 영화를 이해할 수가 없어요. 미국의 남북전쟁사를 모르는 상태에서 〈바람과 함께 사라지다〉를 보면 그냥 예쁘고 멋진 주인공들이 나오는 이야기일 뿐이고, 일본의 근대화와 군국주의 정책을 알지 못하면 영화 〈진주만〉을 이해할 수가 없어요. 일본이 뭘 잘못 먹어서 국력이 12배나 강한 미국의 진주만을 폭격했는지 당시 일본 근대사를 알지 못하면 이해를 못 하는 것이죠.

이 책은 역사를, 즉 어떤 사건의 앞뒤 맥락을 이해해야 영화를 더욱 깊게 이해할 수 있다는 것을 여러분께 알려드리기 위해 썼습니다. 그리고 당시 시대적 배경과 역사를 이해하고 영화를 본다면, 그 영화가 얼마나 쉽게 이해될 수 있는지 보여드리려고 했어요. 또 반대로 영화를 통해 당시 시대상과 역사가 얼마나 쉽게 여러분의 가슴 속에 들어올 수 있는지도 보여드리려 합니다.

많이 부족한 책이지만 그래도 미국 할리우드에서 영화를 전공했고 또 영화인으로 살아왔던 제가 가지고 있던 경험, 영화와 역사를 공부했던 경험을 최대한 이 책에 실었습니다. 이 책을 제 영화의 스승이셨고 영화인의 길로 이끌어 주셨던 고故 신상옥 감독님께 바칩니다.

썬킴 올림

추천의 글

영화를 보다 보면 항상 드는 '저 장면은 정말 역사적 사실일까?'라는 의문. 이 의문에 명쾌하게 답을 주는 책이 출간되었다. 영화와 역사라는 두 마리의 토끼를 잡으며, 최근 대중 역사서의 중심으로 부상한 썬킴 작가. 할리우드에서 영화를 전공하고 『썬킴의 거침없는 세계사』를 쓴 이력도 믿음직하다. 썬킴은 날카로운 촉으로 역사를 소재로 한 한국과 외국 영화 10편을 골랐다. 진시황 암살 사건을 모티브로 한 〈영웅〉에서는 중국 춘추전국시대와 통일의 과정을, 이순신 장군의 인간적인 면모가 돋보이는 〈명량〉을 통해서는 정유재란의 분투 과정을, 〈레 미제라블〉에서는 프랑스 혁명의 대서사를 소개한다. 영화의 장면마다 숨어있는 역사적 사실을 찾아내고, 그 상황을 쉬운 언어로 전달해준다. 책을 읽고 다시 영화 속으로 들어가 보게 하는 것도 이 책의 큰 매력이다. 영화와 역사의 만남이 이처럼 좋은 케미를 이루는 것은 '역사 스토리텔러'로서의 저자의 내공 때문일 것이다. 풍부하고 적절하게 구성된 도판 또한 영화와 역사의 현장으로 쉽게 빠져들게 하고 있다.

— 신병주 교수, KBS 〈역사저널 그날〉 패널, 건국대 사학과 교수

순전히 개인적인 관심으로 〈중경삼림〉부터 읽었다. 양조위의 독백이나 왕페이의 음악만으로는 알기 힘든, 당시 홍콩 청춘들의 쓸쓸하고 도피하고픈 마음이 청나라 시절로 거슬러 올라가고 있었다. "사랑엔 유통 기한이 없었으면 한다"라는 1994년의 대사가 바로 지금의 홍콩과 어떻게 겹치는지도 보여준다. 평소 썬킴의 글과 방송을 애정해 온 사람으로서, 그는 전공자가 아닌 사람이 과연 어느 수준까지 역사와 내밀하게 대화할 수 있는지 보여준다는 점에서 언제나 놀라웠다. 드디어 '영화'와 만난 이번 책도 마찬가지다. 〈명량〉〈여왕 마고〉〈킹덤 오브 헤븐〉〈라스트 사무라이〉〈늑대와 춤을〉 등 한국사와 세계사의 다채로운 국면들이 영화와 함께 흥미진진하게 펼쳐진다. 영화를 다시 관람하게 만드는 유혹을 떨치기 힘들 것이다.

— 주성철 기자, 영화 전문지 전 〈씨네21〉 편집장

썬킴은 유쾌하고 해박한 언변으로 방송에서 늘 1순위 섭외 대상 게스트다. 그런데 그의 글은 더더욱 흥미롭다. 특히나 이번 책은 우리에게 친숙한 영화들을 소환해서 각각에 역사적 배경을 접목해주니 어떻게 빠지지 않을 수가 있겠는가. 영화 조감독을 거쳐 영어 지도 교수, 방송인, 역사 스토리텔러에 이르는 다양한 이력과 해박한 지식들을 바탕으로, 평소 좋아하던 영화들을 역사적으로 해석해 주니 책장을 넘기면서 벌써 다음 장이 기대가 된다. 재미와 지식을 모두 잡고 싶은 독자들에게 추천하고 싶은 책이다.

— 이숙영 방송인, SBS 〈이숙영의 러브FM〉 진행

목차

1장 〈영웅: 천하의 시작〉
진시황 통일의 역사와 중국 현대사의 접점

2장 〈명량〉
임진왜란과 명량 해전으로 보는 이순신 장군

5장 〈라스트 사무라이〉
일본의 마지막 사무라이

10장 〈킹덤 오브 헤븐〉
십자군 전쟁으로 보는 '종교란 무엇인가'

1짱

영웅: 천하의 시작

진시황 통일의
역 사 와
중국 현대사의 접점

SYNOPSIS

중국 역사상 처음으로 대륙을 통일했던 '진시황'과 그를 암살하려는 자객 '무명'의 이야기를 담은 영화 〈영웅〉. 〈영웅〉은 진짜 진시황에 대한 실화를 바탕으로 만든 영화일까? 춘추전국시대부터 진시황 통일의 역사까지, 그리고 〈영웅〉과 현대 중국의 연결 지점까지 밝힌다!

영웅: 천하의 시작

英雄, Hero, 2002

감독	장예모
주연	이연걸, 양조위, 장만옥, 장쯔이

2002년, 장예모 감독은 이연걸을 주인공으로 내세워 〈영웅〉이란 영화를 세상에 공개했습니다. 기원전 200년경 중국을 배경으로 하는 이영화는 중국 역사상 처음으로 대륙을 통일했던 진시황을 소재로 만들어졌어요. 진시황에 대한 스토리는 정말 무궁무진한데, 이 영화는특히 이연걸이 연기를 했던 '무명'이란 자객이 진시황을 암살하려는과정을 그렸지요.

〈영웅〉은 진짜 진시황에 대한 실화를 바탕으로 만든 영화일까요? 자, 단도직입적으로 말씀드리면 〈영웅〉은 '사실을 기본으로 한허구'입니다. 장예모 감독이 실제 있었던 '진시황 암살 미수 사건'을모티프로 창작한 이야기예요. 간단히 말해서 '진시황은 암살당할 뻔했다'란 사실 빼고는 거의 99% 감독의 아름다운 머리에서 나온 것이랍니다. 구체적인 영화 줄거리를 여기서 이야기하면 영화사에서 절 펑장히 싫어할 것이니까 말씀은 안 드릴게요. 궁금하시면 오늘 이 글을 읽으시고 직접 〈영웅〉을 한번 보시는 것이 어떠실까요?

실제로 진시황이 중국 대륙을 통일하는 과정에서 수많은 암살 시도가 있었어요. 당연하지요. 이 '통일'이란 건 진시황 입장이고, '통일당하는' 입장에선 '자기 나라가 망하는' 것이기 때문이니까요. 그 과정에서 원한이 생겼을 것이고 그 원한을 갚기 위해 진시황의 목숨을 노리는 자객들이 끊임없이 나왔던 겁니다.

자, 이제부터 진시황은 어떻게, 무슨 특별한 재주가 있어서 중국 대륙을 통일했고 당시 중국은 왜 사분오열 서로 찢어져서 치고받고 싸웠는지, 또 진짜 역사상, 누가 구체적으로 어떻게 진시황을 암살하려고 했는지, 실패했는지 성공했는지 알려드리겠습니다. 그 전반적인 당시 맥락을 아셔야 장예모 감독의 〈영웅〉이 쉽게 이해되기 때문입니다.

주周나라부터 이해하자

진시황秦始皇이란 사람이 중국을 통일한 이야기를 이해하려면, 우리가 숱하게 들었지만 제대로 이해는 하지 못했던 '춘추전국시대'란 걸 이해해야 하고, 또 그 춘추전국시대를 이해하려면 먼저 '주

周나라'를 이해해야 해요. 주나라는 기원전 1046년, 중국 서안西安이란 지역을 중심으로 만들어진 나라였어요. 이 주나라가 중국 역사에서 중요한 위치를 차지해요. 왜? 바로 나중에 유교의 근본이 되는 예禮의 개념을 만들었던 나라기 때문입니다. '예의'할 때 그 '예' 말인가요? 맞습니다. 간단히 말해서

1000 BC
● Zhou Dynasty

기원전 1000년 경 주나라의 지도

조상님께 제사를 지낼 때 이렇게 저렇게 제사를 지내고 조상님을 공경하라는 규칙과 개념을 만든 나라였어요.

이 주나라는 일단 왕王이 있었고 또 각 지방에 제후諸侯들이 있어서 그 제후들이 지방을 다스리던 구조였어요. 제후란 간단히 말해서 왕의 친인척으로 왕에게 잘 보여 지방의 어느 한 지역을 하사받아 그 지역을 다스리던, 지금으로 치면 도지사 정도의 위치였어요. 이런 제도를 우리는 세계사 시간에 '봉건 제도封建制度'라고 배웠지요. 봉건 제도는 사실 굉장히 나쁜 제도랍니다. 왜? 공정한 절차를 통해 지역 도지사가 된 것이 아니라 단지 왕과 친하다는 이유로, 왕에게 잘 보였다는 이유로 나라의 땅 일부를 '하사' 받아 통치하게 되는 제도이기 때문이지요.

당시 주나라는 제후들을 5등급으로 나눠 직위를 줬답니다. 우리가 공작, 백작이라고 부르는 타이틀이 있지요? 그걸 많은 분들이 '몬테크리스토 백작' 등 때문에 유럽에서 만든 직위로 알고 있는데 주나

유왕의 역사, 작자 미상, 17세기
거짓 봉화를 보고 달려온 제후들과 포사와 유왕의 모습

라에서 만든 '제후 등급 시스템'이랍니다. 총 5개의 등급이 있었어요. '공후백자남.' 가장 높은 제후는 공公이란 타이틀을 주었어요. 그다음은 후侯 또 그다음은 백伯으로요. 가장 낮은 등급은 당연히 남男이었겠지요.

🎥 유왕, 포사를 위해 거짓 봉화를 올리다

주나라는 왕과 '공후백자남' 제후들과 잘 살고 있었어요. 세월이 흘러 기원전 781년에 '유왕幽王'이 주나라의 왕이 됩니다. '주유왕'이라고도 부르는데 주유소와는 상관이 없어요. 하여간 이 유왕에겐 '포사褒姒'란 애첩이 있었어요. 절세의 미인이었다고 하지요. 유왕은 포사를 너무나도 사랑했어요. 그런데 포사에겐 결정적인 문제가 하나 있었는데요. 바로 절대 웃지 않는다는 것이었습니다. 포사가 웃는 모습이 보고 싶었던 유왕은 "포사만 웃게 해준다면 천만금을 상으로 내리겠다"라고 했지만 포사를 웃게 해준 사람은 단 하나도 없었습니다.

절망의 나날을 보내던 유왕. 어느 날 변방에서 오랑캐가 쳐들어온다는 봉화가 올라왔어요. 당연히 '공후백자남' 제후들은 왕을 지키기 위해서 사방에서 수도 서안으로 군사를 이끌고 달려왔고요. 그런데 그 봉화는 잘못된 정보로 올라간 봉화였어요! 유왕을 구하기 위해

한숨에 달려온 제후들은 '뭐야, 이거'란 표정으로 다시 고향으로 돌아 갔답니다. 그런데 허탈하게 돌아가는 제후들의 뒷모습을 보고 포사 가 그만 '빵' 터져 버린 겁니다. 유왕은 포사의 웃는 모습을 그때 처음 봤다고 하지요.

그때 유왕은 하지 말아야 할 가장 멍청한 결심을 합니다. '가짜 라도 계속 봉화를 올리자. 그러면 제후들이 달려올 테고 또 허탈하게 돌아갈 것이다. 그러면 포사는 그 모습을 보고 또 방긋 웃겠지!' 이런 어이없는 결심을 실행에 옮겨요. 거짓 봉화를 보고 달려온 제후들의 허탈한 모습, 그들이 열 받은 모습을 보고 까르르 웃는 포사, 그리고 유왕은 포사를 보고 행복을 느낍니다.

춘추전국시대가 시작되다

양치기 소년이 되어 버린 유왕. 뭔가 일이 벌어질 듯한 예 감이 드시죠? 맞아요. 이번엔 진짜로 서쪽에서 견융犬戎이란 오랑캐들 이 쳐들어옵니다! 다급해진 유왕은 여러 제후에게 봉화를 올렸어요. 빨리 와서 도와 달라고. 반면 제후들은 '사랑에 미친 유왕이 또 거짓 봉화 쇼를 하시네' 하며 무시해 버린 겁니다! 결국 주나라 왕궁은 견 융 오랑캐들에 의해 초토화되고 유왕과 포사는 목숨을 잃고 말아요.

거의 나라가 망할 뻔한 주나라. 죽은 유왕의 아들이 겨우 다음 왕위에 오른 후 수도를 서안西安에서 동쪽에 있는 낙양洛陽으로 옮깁니다. 왜? 동쪽으로 멀리 가야 서쪽에서 쳐들어오는 오랑캐로부터 더 안전해질 테니까요. 기원전 770년의 일이었어요.

이제 차근히 생각해 볼까요. 기존 제후들은 수도까지 버리고 동쪽으로 겨우 도망친 왕을 왕 같이 생각했을까요? 아니죠. 제후들은 '꼴좋다. 사랑놀이하다 나라까지 후루룩 말아 드셨네'라면서 동쪽으로 도망간 왕을 무시하기 시작했어요.

이때부터 주나라 제후들은 주나라 왕을 무시하면서 각자 힘을 키우고 서로 치고받고 경쟁했어요. 나라가 난장판이 되기 시작한 거지요. 이때(기원전 770년)부터의 중국을 역사에서는 '춘추春秋시대'라고 부른답니다. 춘추? 봄가을이 이 난장판과 무슨 상관이 있어 춘추라고 부르냐고요? 원래 '춘추'라는 말 자체가 '역사'라는 뜻이었어요. 우리가 알고 있는 역사歷史라는 표현은 한참 시간이 흐른 후 등장한답니다. 이 시기를 춘추시대라고 부르는 이유는 나중에 중국에서 태어날 공자孔子님이 이 시기에 관한 역사책을 쓰셨는데 책 이름이 바로 '춘추'였거든요. 그래서 이 시기를 춘추시대라고 부른답니다.

기원전 770년 춘추시대가 시작되었습니다. 주나라의 각 제후들은 주나라 왕실을 무시했지만 그때까지는 그래도 왕이니까 어느 정도 예의는 갖추었어요. 실제로는 서로 치고받고 싸웠지만 적어도 '서류상'으로는 주나라의 제후로 있었죠. 때가 되면 주나라 왕에게 가서 인사도 하고 공물도 바치는 시기가 주욱 이어집니다.

그러다 주나라 왕실이고 뭐고 죽자고 싸우는 완전 개판의 헬-게이트가 열리는 사건이 하나 발생해요. 당시 제후국 중에 '진晉나라'가 있었어요. 나중에 진시황이 중국을 통일하는 진秦나라와는 다른 나라 입니다. 헷갈리시면 안 돼요. 지금 중국의 산서성山西省에 있던 나라였는데 그 나라에서 방귀 좀 뀐다는 한韓씨, 위魏씨, 그리고 조趙씨가 서로 치고받고 싸우면서 나라가 각각 한나라, 위나라, 진나라 이렇게 3조각으로 쪼개져 버려요.

그 모습을 숨죽이며 지켜보던 다른 제후들도 "이젠 각자도생이다. 힘 있는 놈이 장땡이야. 체면이고 뭐고 죽기 아니면 살기다!" 하면서 중국 대륙이 약육강식의 전쟁터가 됩니다. 이처럼 진나라가 세 나라로 쪼개지면서 아수라장이 되는 기원전 403년부터의 중국을 역사에서는 '전국戰國시대'라고 부른답니다. 왜 전국시대라고 부르냐? 나중에 유향劉向이란 역사학자가 이 시기에 관한 책을 쓰는데요. 그 책 이름이 '전국책'이랍니다. 그래서 이 시기를 전국시대라고 부르는 거예요.

『전국책戰國策』, 1668,
한국학중앙연구원
장서각

전국시대의 강자, 진秦나라 등장하다!

아사리판 헬-게이트가 열린 전국시대에는 7개의 강력한 나라가 있었어요. '전국7웅'이라고 부르는데 나중에 진시황이 태어난 진秦나라도 그중 하나였답니다. 중국 대
륙의 가장 서쪽 끝, 변두리 중에서도 변두
리에 위치한 나라였어요. 워낙 변두리에
있다 보니 처음에 진나라는 전국시대 국가
들 가운데 가장 못살았답니다. 심지어 변
변한 집도 없어 토굴을 뚫어 몇 가족이 떼
거지로 살았을 정도예요.

전국7웅 지도

　그런 거지 국가 진나라가 어떻게 힘을 키웠고 또 나중에 최초로
중국 대륙을 통일까지 할 수 있었을까요? 가장 큰 이유는 바로 '엄격
한 법 집행'이었습니다. 진나라에 상앙商鞅이란 사람이 있었는데 '뭐니
뭐니 해도 나라가 바로 서려면 철저한 법 집행이 가장 중요하다'라고
생각하고 진나라를 철저한 법치 국가로 만들었어요. 법을 지키면 나
라에서 최고로 보상해주고 어기면 철저히 처벌했지요.

　이런 일화도 있어요. 상앙이 진나라 백성들에게 '나라가 시키는
대로 하면 크게 보상하겠다'고 아무리 설득해도 안 믿으니 하루는 상
앙이 길거리에 나무 막대기를 하나 세운 후 "저 막대기를 저쪽까지 옮
기면 금을 주겠다"고 선언하죠. 하지만 사람들은 그 말을 믿지 않았어
요. 그때 누군가 "에라이, 밑져야 본전이다"라면서 막대기를 옮겼는
데 상앙은 약속한 대로 금덩어리를 상으로 주었어요! 이후 진나라 백
성들은 '나라가 시키는 대로 하면 엄청난 보상을 받는다'고 믿고 철저
하게 나라가 정한 법을 따랐다고 하지요.

- <사목입신(徙木立信)>, 풍몽룡, 명나라 시기 추정, 『열국지』 삽화
  '나무를 옮겨 믿음을 얻었다'는 뜻으로, 정치인이 백성을 속이지 않음을 말함
- 상앙의 동상

여불위, 영이인을
진나라 왕으로 만들다

　　진나라는 철저한 법 집행을 통해 서서히 국력을 키워 갔어요. 자, 이제 드디어 진시황 이야기를 해 봅시다. 서로를 믿지 못하는 전국시대 각국은 서로 인질을 교환하는 시스템이 있었어요. 내 아들이 경쟁국 볼모로 잡혀 있으니 함부로 전쟁을 못 일으키겠죠. 당시 진나라는 이웃 국가인 조나라와 인질을 교환했더래요. 이때 진나

라 왕은 소양왕昭襄王이었어요. 그에게는 안국군安國君이라는 아들이 있었는데 왕의 아들이니까 당연히 진나라의 태자(다음 왕이 될 사람)였답니다.

아니! 태자가 인질로 잡혀갔냐고요? 그럴 리가 있겠습니까! 안국군에게는 약 20명의 아들이 있었는데 그중에서 약 15번째 아들이 왕자 '영이인嬴異人'입니다. (영이 성이고 이인이 이름이에요.) 게다가 영이인은 서자였어요. 생각해 보세요. 15번째 아들도 모자라 서자이면 아버지도 아마 아들을 몰라볼 겁니다. 그냥 '지인'이지요. 그렇게 '무늬만 왕자' 영이인이 조나라에 진나라 인질로 보내진 상황이었어요.

여불위의 초상, 작자 미상, 연도 미상

한데 그는 얼굴에 '왕이 될 기운'을 뿜고 다녔나 봅니다. 당시 조나라 수도에 '여불위呂不韋'란 사업가가 사업차 와 있었는데 우연히 '진나라 인질' 영이인을 만나게 되어요. 그리고 그를 본 순간, '저 애는 분명히 왕이 될 상이다'라고 느꼈다지요. 여불위는 지금으로 치면 '투자의 신'으로 불리던 사업 전문가였어요. 절대 손해 보는 데 투자하지 않고 한번 투자하면 반드시 10배 이상 이문을 남겼다고 해요. 그런 여불위 눈에 영이인이 들어온 겁니다. 그리고 여불위는 '영이인이 왕이 된다'에 배팅하고요.

여불위는 본격적으로 '영이인, 진나라 왕 만들기 프로젝트'에 들어갑니다. 여불위의 묘안은 이랬어요. 영이인의 아버지 안국군의 정실부인(본부인)은 '화양부인'이었는데 안타깝게도 그녀는 사식을 생산하지 못했답니다. 즉, 이론적으로 나중에 안국군이 왕이 되면 다음 왕 자리를 물려줄 적자 친아들이 없었어요. 여기서 적자嫡子란 첩이 아닌 본부인이 낳은 아들을 말해요. 한마디로 안국군은 첩이 낳은 서자만 바글바글하고 본부인이 낳은 친아들은 없던 상태였어요.

장사의 신 여불위는 이 점을 집중 공략합니다. 먼저 영이인에게 의붓어머니 화양부인에게 매일 선물 공세를 하라고 하고, 또 '효도 편지'를 쓰라고도 해요. 화양부인은 '초나라' 출신인데 점수를 따라고 초나라 노래까지 연습시켰어요. 화양부인도 영이인의 모습에 '참 기특한 아이로군' 생각했어요.

그때 여불위가 장사 수완을 발휘합니다. 화양부인에게 접근해서 이렇게 말해요. "마마, 어차피 서자 중 하나가 다음 왕이 된다고 하면 수많은 서자 가운데 그래도 화양부인 마마를 끔찍이 생각하는 영이인이 좋겠습니다." 화양부인도 곰곰이 생각해 보니 맞는 말이거든요. 곧장 남편 안국군을 설득해서 영이인을 태자로 임명하게 만듭니다. 이로써 여불위의 '영이인 왕 만들기 프로젝트', 50%는 성공했습니다.

여불위는 영이인에게 더욱 신뢰를 주기 위해 자신의 애첩인 '절세미인' 조희趙姬까지 줍니다. (현재로는 절대 용납이 안 되는 표현이지만 기원전 중국에서 벌어진 일이니까요.) 그렇게 영이인의 여자가 된 조희. 곧 아들을 하나 낳습니다. 이 아이의 할아버지, 그러니까 소양왕은 50년 가까이 진나라를 다스리다 죽습니다. 오랫동안 태자 노릇을 하던 안

국군이 다음 왕이 되는데 왕이 되자마자 죽어요. 그리고 영이인이 꿈에 그리던 진나라 왕이 됩니다. 그런데 그마저도 왕이 되자마자 바로 죽습니다. 다음 왕은…?

중국 최초의 황제 진시황의 초상, 작자 미상, 1850년경

영이인과 조희 사이에서 태어난 바로 그 아이입니다. 이름은 '영정嬴政'. 나중에 중국 대륙을 통일한 진시황이 되지요. 영정은 열세 살의 어린 나이에 진나라의 왕이 됩니다. 정말 인생 역전이지요. 원래는 왕 근처에도 못 가 볼 팔자였는데 말이지요.

그런데 영정의 친엄마 조희는 여불위의 첩이었잖아요. 영이인에게 넘겨졌을 때 이미 임신한 상태였고, 뱃속의 아이는 여불위의 씨였다는 설이 아주 강하게 제기되었답니다. 진시황의 친아버지는 영이인이 아니고 여불위라는 거죠!

🎥 자기 무덤을 파고 만 여불위

영정이 진나라의 새 왕이 된 이후 여불위는 아직 왕이 너무 어리다는 명분을 내세워 자기가 실질적으로 나라를 다스리기 시작했어요. 꼭 조선 말기에 어린 고종을 바지 사장으로 만든 다음 10년간 조선을 통치했던 흥선대원군처럼요. 여기서 문제가 하나 발생합니다. 진왕 영성의 친모인 조태후(조희)는 원래 여불위의 첩이었잖아요. 남편인 영이인이 왕이 되자마자 죽어 버려서 다시 싱글이 된 그녀가 옛 애인이 그리워진 겁니다! 그래서 아들 몰래 밤마다 여불위를 찾아갑니다.

이미 권력의 맛에 취한 여불위는 옛 애인을 다시 받아 줄 생각이 없었어요. 대신 '젊고 힘 잘 쓰는' 남자를 소개해 줘요. 노애(嫪毐)란 사내인데, 야사에 따르면 노애의 물건은 정말 컸고 정력 또한 엄청났다고 합니다. 그렇게 둘은 곧바로 연인이 되었어요. 당연히 비밀이고요. 둘 사이에서 아이도 둘이나 태어납니다. 그러다 보니 노애란 인간이 슬슬 욕심이 생긴 겁니다. 조태후와의 사이에서 태어난 자기 아들을 왕으로 만들 생각을 '감히' 한 것이지요.

이런 역모는 곧 진왕에게 적발되었고 노애와 그 일족은 모두 처형당했어요. 조태후와의 사이에서 태어난 아들들도 모두 죽임을 당했고요. 조태후의 운명은? 친어머니임에도 이 상황에 격분한 진왕은 조태후를 멀리 지방으로 유배 보냈답니다. 그리고 진왕은 자신에게 벌어진 아침 드라마급 막장 스토리 뒤에 여불위가 있다는 사실을 알아 버렸어요. 여불위가 조태후에게 노애를 소개했다는 것을요. 결국 진왕은 자기를 왕으로 만들어 준 여불위에게 자살을 명했어요. 어떻게 보면 여불위는 자신의 친아들일 수도 있는 진왕에게 허무하게 죽임을 당한 것이었답니다. 기원전 236년의 일이에요.

주변국을 차례로 정복하는 진왕

　　여불위를 죽인 후 직접 권력을 잡은 진왕은 천재 전략가 이사李斯를 재상으로 임명한 다음 그의 전략에 따라 주변국을 하나하나 차례로 정복해 나갔어요. 이때 전국시대 중국 대륙엔 진나라를 포함해 총 7개 국가가 있었답니다. '제齊', '초楚', '연燕', '조趙', '한韓', '위魏', 그리고 '진秦'까지요. 진왕은 먼저 기원전 230년 한나라를 정복해 멸망시키는 것을 시작으로 중국의 첫 '통일 전쟁'에 들어갔어요. 궁금하지 않으세요? 진나라는 왜 그렇게 강력했을까요? 이사란 사람은 어떤 전략을 썼기에 변방의 나라였던 진나라를 전국시대의 슈퍼 파워로 만들었을까요?

　　두 가지가 있어요. 먼저 '법치주의'입니다. 기억나시죠? 상앙이 진나라를 강력한 법치 국가로 만들었다고요. 이게 무서워요. 특히 군대에 적용되면요. "돌진하라!" 명령을 내렸는데 돌진 안 하면 바로 사형. "언제까지 어떤 성을 점령하라!" 명령을 내렸는데 실패하면 사형. 후덜덜 하지 않나요? 진나라 병사들은 죽기 아니면 살기로 전투할 수밖에요.

　　또 하나는 '철저한 성과주의'였답니다. 전투에 실패하면 처벌받지만 성공하면 그에 상응하는 보상을 철저히 해주었어요. 어떤 성을 언제까지 점령하면 이만큼 보상해주겠다, 몇 명의 적군을 죽이면 이만큼 보상해주겠다, 언제까지 어디까지 진군하면 이만큼 보상해주

- 진시황 시대에 지어진 중국의 만리장성
- 진시황의 무덤 근처에서 발견된 병마용갱

겠다 같은 분명한 원칙이 진나라엔 있었어요. 이게 무서운 이유가 사람 심리란 게 군침 도는 보상이 철저히 보장되어 있으면 물불 안 가리고 돌진하거든요.

하여간 중국 대륙의 각 국가들은 진나라와 진왕의 엄청난 기세에 소위 '멘붕'이 왔어요. 특히 가장 동쪽, 그러니까 한반도와 제일 가깝게 위치한 연나라 왕은 사색이 됩니다. 왜냐? 전국시대 국가 중 가장 국력이 약했거든. 진왕이 쳐들어오면 제대로 싸워 보지도 못하고 고스란히 나라를 빼앗길 거란 두려움에 부들부들 떨었어요.

그때 연나라 왕의 아들, 즉 태자 단丹은 '앉아서 그냥 망할 수는 없다'면서 엄청난 생각을 합니다. 사람을 보내 진왕을 암살하자는 아이디어였죠! '나라 안팎으로 벌어지는 모든 전쟁을 끝낼 방법, 그리고 조국 연나라가 살 방법은 진왕 암살뿐이다'가 그의 결론이었어요. 태자는 연나라 최고의 자객인 전광田光을 찾아가 거사를 부탁했어요. 이에 전광은 자신은 너무 늙어서 큰일을 도모할 수 없으니 자기보다 더 빠르고 머리도 좋은 자객을 소개해주었답니다. 그가 바로 영화 〈영웅〉의 모티프가 된 형가荊軻이지요.

시작되는
진왕 암살 프로젝트

태자 단에게 진왕 암살 계획에 관한 브리핑을 들은 형가. 그는 두 가지를 요구했어요. 먼저 연나라 독항督亢의 지도였습니다. 지금의 베이징 부근으로 연나라 최대의 곡창지대였어요. 연나라 입장에서는 절대 빼앗기면 안 될 중

독항의 위치를 표시한 지도

요한 지역이었지요. 형가는 자신이 독항의 세부 지도를 바치러 왔다고 하면 분명 진왕이 관심을 가질 거라 생각했어요. 나머지 하나는 번오기樊於期의 목이었어요.

그럼 번오기란 사람은 누구인가. 진나라에서 진왕에게 반기를 들고 쿠데타를 시도했다 실패한 후 연나라로 피신해 온 인물이었어요. 당연히 진왕은 번오기의 목에 어마 무시한 현상금을 걸어 놓은 상태였지요. 진왕 입장에서는 자기를 죽이려고 한 원수였으니까요. 형가는 독항 지도 외에도 진왕의 원수 번오기의 목을 가져왔다고 하면 분명 진왕이 자신과의 만남을 승인할 거라 생각했던 겁니다.

그런데 연나라에 멀쩡히 살아 있는 번오기의 목을 어찌 가져간단 걸까요? 형가는 번오기를 찾아가 진왕 암살 계획을 털어놓습니다. 솔직하게 "번오기 장군, 당신의 목이 필요하다"라고 말해요. 그 말을 들은 번오기는 곰곰이 생각하다 "목을 내어 줄 테니 꼭 거사에 성공하

라"라고 부탁합니다! 진나라에서 쿠데타에 실패하고 도주하자 진왕은 번오기의 처자식뿐 아니라 일가친척 모두를 죽여 버렸기 때문이죠. 번오기는 스스로 자신의 목을 치면서 꼭 원수를 갚아 달란 유언을 남겼어요.

모든 준비는 다 끝났습니다. 형가는 독항의 지도와 번오기의 목을 가지고 연나라를 떠나 진나라로 건너가려는데 태자 단이 보기에 형가의 모습이 조금 불안해 보였나 봐요. 완전히 믿지를 못한 겁니다. 자신의 심복인 진무양秦舞陽을 형가에게 붙였어요. 말로는 형가를 돕기 위함이었다지만 사실 형가를 100% 믿지 못했던 것이죠.

실패한 진왕 암살 계획

어찌어찌 형가와 진무양은 연나라를 떠나 진나라로 들어왔어요. 그리고 진왕 측에게 독항 지도와 역적 번오기의 목을 가져왔으니 한번만 만나 달라고 부탁합니다. 특히 번오기의 목을 가져왔단 소리에 진왕은 형가와 진무양의 방문을 허락해요. 형가는 먼저 번오기의 목을 진왕에게 보여 줍니다. 진짜 역적의 목인 것을 안 진왕은 굉장히 만족하죠. 그런데 형가 옆에 독항의 지도를 들고 있던 진무양은 '지금 내가 무슨 짓을 하고 있지'란 생각에 겁에 질려 사시나무처럼 떨기 시작했어요.

진시황 암살 미수 사건을 표현한 장면, 3세기 추정
왼쪽에 양팔을 든 진무양, 가운데 암살에 사용된 단검과 상자에 든 번오기의 목이 그려져 있다.
오른쪽에는 한 팔을 든 진왕이 있고, 왕을 구하기 위해 달려온 신하가 보인다.

 진왕은 형가에게 "저자는 왜 이리 벌벌 떨고 있나?" 물었고, 형
가는 재치 있게 "변방의 촌놈이 강력한 진나라 왕을 직접 뵈니 긴장했
나 봅니다"라면서 상황을 넘깁니다. 드디어 독항의 지도를 보여 줄 차
례였어요. 원래는 진무양이 진왕 앞에 가서 지도를 펼쳐 보일 계획이
었는데 진무양이 지금 멘붕이 왔잖아요. 어쩔 수 없이 형가가 직접 지
도를 들고 진왕 앞으로 걸어갑니다.

 그리고 돌돌 말려 있는 지도를 천천히 펼치는데… 지도 안에는
날카로운 단검이 숨겨져 있던 겁니다! 칼을 뽑아 들자마자 형가는 진
왕을 찔렀습니다. 운이 좋았는지 진왕은 칼에 찔리지 않고 피했어요.

그런데 왕의 호위무사들은 이 장면을 안절부절 보고만 있었어요. 그건 진왕 스스로 만든 궁의 법칙 때문이었답니다. '궁 안에서는 누구도 무장한 상태로 있을 수 없다.' 눈앞에서 왕이 암살당하려는 순간에도 법이 무서워 누구도 칼을 찬 채로 왕 앞으로 나설 엄두를 못 냈던 겁니다.

물론 진왕도 허리에 칼을 차고 있었지만 너무도 긴 검이어서 허리춤에서 빠지질 않았어요. 그때 한 환관이 소리쳤습니다. "대왕! 칼을 머리 위로 빼십시오!" 맞아요. 장검은 옆으로 빼려고 하면 칼집에서 잘 안 빠지지만 위로 빼면 잘 빠지거든요. 장검을 뽑은 진왕. 단검 하나로 덤비는 형가를 바로 진압합니다. 진왕의 칼에 죽으면서 형가는 "이것도 운명이다. 하지만 너의 폭정도 오래 못 갈 것이다"라고 유언을 남기고 숨을 거둡니다. 연나라가 자신을 암살하려 했다는 데 격분한 진왕은 기원전 222년, 바로 연나라를 멸망시켜 버립니다.

영화 〈영웅〉과 진실의 차이

역사적으로 진왕 영정이 중국 대륙의 나머지 6개 국가를 차례로 멸망시키는 과정에서 각 나라들은 연나라에서 보낸 형가처럼 여러 자객을 수없이 진나라로 보냈어요. 가만히 앉아서 망할 바엔 한 번이라도 시도나 해 보고 망하자는 생각이었겠지요. 그 수많은 암살

시도 중 가장 유명한 스토리가 지금 소개한 형가 이야기입니다. 중국 역사의 아버지 사마천司馬遷이 『사기』 「자객열전」의 형가 편에서 직접 소개할 정도였으니까요.

앞에서 이야기했듯이 형가의 암살 시도는 비참한 실패로 끝났어요. 그런데 〈영웅〉에서 형가가 모티프가 된 주인공 무명(이연걸)은 역사와는 조금 다른 결말을 보여 줍니다. 자객 무명은 충분히 진왕을 암살할 수 있었지만 마지막 순간에 암살을 포기하고 물러납니다. 그리고 무명의 능력에 감동한 진왕은 무명을 살려 보내 주려고 해요. 하지만 '암살범'을 그냥 보내 줄 순 없다는 신하들의 강력한 요구로 결국 수많은 화살을 쏴서 걸어가는 무명을 죽입니다.

이상하지 않아요? 왜 무명은 마지막 순간에 진왕 암살을 멈췄을까요? 영화에서 그는 이런 말을 합니다. "어차피 중국은 당신에 의해 통일될 것이다. 그러니 앞으로 통일의 업을 달성한 후 통일 중국을 잘 다스려 달라." 이는 다분히 정치적인 메시지랍니다. 한때는 중국 공산당에 반기를 들기도 했던 장예모 감독. 하지만 감독은 이 영화 하나로 중국의 동북공정과 중화사상의 위대성을 보여 주려고 했어요. 노골적인 '친중국 영화', 소위 중국판 국뽕 영화입니다. 현재 중국에는 55개 소수민족이 있는데(조선족 포함)요. 중국 정부는 모든 소수민족을 다 위대한 중화사상 아래 '하나의 중국'으로 묶으려고 하고 있어요.

하나의 중국을 선전하는 데 중국을 최초로 통일했던 진시황은 참으로 매력적인 캐릭터였지요. 하지만 수많은 자객들에게 암살 시도를 당했던 인물로는 그릴 수 없었어요. 그래서 감독은 과감히 역사

왜곡을 행했습니다. 진왕은 중국을 하나로 통일할 수밖에 없는 인물이고, 심지어 자객조차 암살을 포기하고 중국 통일에 힘써 달라고 부탁할 정도의 위대한 인물이었다고 말이에요.

〈영웅〉은 영화 제작 측면에서 보면 정말 걸작입니다. 그 방대한 스케일과 장예모 감독 특유의 몽환적인 영상 연출은 큰 박수를 받아 마땅합니다. 또한 중국을 최초로 통일한 진시황과 실존했던 자객들을 소재로 한 것도 의미 있습니다. 그러나 우리가 이 영화를 볼 때는 스크린 뒤편에 숨어 있는 중화사상과 동북공정만큼은 꼭 인지하고 감상해야 할 것입니다.

2짱

명 량

임 진 왜 란 과
명 량 해 전 으 로 보 는
이 순 신 장 군

SYNOPSIS

임진왜란 시기 이순신 장군의 명량 해전을 배경으로 만들어진 영화 〈명량〉. 과연 이순신 장군은 실제 역사 속에서도 영화만큼 영웅적이었을까? 도요토미 히데요시는 왜 임진년에 조선 침공을 감행했을까? 일본의 기세를 꺾으며 동아시아 역사의 큰 전환점이 된 명량 대첩을 알아본다!

명량

The Admiral: Roaring Currents, 2014

감독	김한민
주연	최민식, 류승룡, 조진웅

이 영화는 이순신 장군의 명량 해전을 모티브로 만들어진 영화입니다. 임진년 1592년에 시작된 왜란이 잠시 소강 국면에 들어섰다 일본이 다시 조선 침공을 시작한 1597년, 즉 정유년의 2차 왜란(정유재란) 당시 단 12척의 함선으로 진도 앞바다인 명량 수도에서 133척의 왜군 함선을 물리친 사건이죠. 그 유명한 "신에겐 아직 12척의 배가 있습니다"란 명언을 남긴 해전입니다.

이 명량 해전은 임진왜란 전체, 아니 우리나라 역사 전체에서도 큰 의미가 있는 전투였습니다. 임진년 1차 왜란에서 조선 점령이란 목표를 이루지 못한 일본의 도요토미 히데요시가 "그러면 전라도라도 완전 점령하라"란 명령을 내린 후 12만의 일본 대군이 다시 조선을 쳐들어왔어요. 그것이 바로 정유재란이지요. '전라도 점령'이란 일본

통영충렬사 이순신 장군 영정

의 야욕을 단숨에 꺾어 버린 단 한번의 해전이 바로 명량 해전이었답니다. 만일 명량에서 조선 수군이 패했다면 일본은 계획대로 전라도 등 조선 남부 지역을 장악했을 것이고 그 이후 우리 역사는 많이 달라졌을 겁니다.

하지만 그런 의미 있는 명량 해전을 주제로 한 이 영화가 개봉되었을 때 약간의 논란이 있었답니다. "이순신 장군이 정말 저렇게 초인적인 인간이었나? 너무 과장 아니야?" "이거 너무 심한 국뽕 영화 아니야?"부터 시작해서 이순신 장군 밑에 있던 배설裵楔이란 장수의 논란도 있었어요. 영화 속에선 배설 장군이 이순신 장군 암살을 시도하고 거북선을 불태운 후 탈영을 시도하다 이순신 장군에 의해 죽임을 당하거든요. 배설의 후손들은 자신들 조상에 대한 명예 훼손이다, 라고 소송까지 간 일이 있었어요.

　이번 글에선 과연 이순신 장군은 영화 속에서 묘사된 것처럼 정사 속에서도 '슈퍼맨'이었는지, 도요토미 히데요시는 왜 임진년에 조선 침공을 감행했는지, 그리고 배설 장군은 정말로 이순신 장군 암살을 시도한 후 도주했는지 등 전체적인 설명을 해 드리겠습니다. 이 글을 읽으신 후 〈명량〉을 보시면 훨씬 이해가 쉬우실 겁니다.

일본은 왜 조선 침공을 계획했을까?

　일단 임진왜란이 일어난 임진년(1592년) 이전의 일본 상황을 이해해 봅시다. 임진왜란 직전 일본은 대략 66개의 영주들(개인 성의 주인들)이 서로 죽이고 땅을 빼앗고 싸우는 이른바 '전국시대戰国時代'로 나라가 개판이 된 상태였습니다. '다이묘大名'라고 불리던 영주들은 자기가 다스리던 성에선 그냥 왕이었어요. 간단히 말해서 당시 일본은 66개의 조그만 독립국들이 서로 치고받고 전쟁을 했던 상황이었답니다. 무려 100년 동안이나요.

　1573년에 한 인물이 나타나 난장판을 정리하기 시작합니다. 그 후 66개의 독립국들을 하나로 통일하는데, 그 인물이 바로 도요토미 히데요시豊臣秀吉였어요. 맞아요. 임진왜란을 일으킨 바로 그 사람입니다. 자, 그럼 막 전쟁을 끝낸 후라 일본 상황도 어수선했을 텐데 도요토미는 왜 바다 건너 조선과 더 나아가 명나라까지 칠 생각을 했을까요?

당시 일본에서는 직업 구분이 철저했어요. 농부는 농사만 짓고, 승려는 종교 활동만 하고, 식당 주인은 식당만 운영하고, 무사는 전쟁만 했습니다. 그게 자기들 직업이었어요. 그래서 일본에 가면 '5대째 운영하

<도요토미 히데요시의 초상>, 카노 미츠노부, 1598

는 소바집, 6대째 이어 온 온천' 등이 있는 것이랍니다. 하여간 백 년 동안의 내전이 끝난 후 무사들은 갑자기 실업자가 되어 버렸습니다. 싸움터가 없어진 무사는 존재 이유가 없었던 겁니다. 도요토미가 일본을 통일시키긴 했지만 아직 불안불안했어요. 그런 가운데 실업자가 된 전국의 무사들이 들고일어나면 큰일이겠지요. 무사들에겐 새로운 전쟁이 필요했습니다.

또 66개의 영주들이 도요토미란 인물의 무력에 일단은 고개 숙이고 하나로 뭉친 듯했지만 원래 백 년 동안이나 독립국의 수장이었잖아요. 속으로는 '도요토미고 뭐고 기회만 와라. 확 다시 뒤집어 놓겠다!'라고 생각했을 겁니다. 도요토미 입장에선 이런 '전직' 66개 독립국 영주들의 관심을 외부로 돌리는 것이 필요했어요. 또 다른 전쟁, 특히 일본 땅을 벗어난 '외국'에서의 전쟁이 말이죠.

뭐니 뭐니 해도 도요토미에겐 자신감이 있었습니다. 일본 전국 66개의 독립국들을 백 년 만에 하나로 통일시켰다는 자신감이었죠. 그리고 백 년 동안 실전으로 단련된 군대를 가지고 못할 것이 없다는 생각을 했어요. 실제로 도요토미는 이왕 일본 통일을 한 김에 중국의 400개 주와 인도까지 점령할 생각을 했어요. 정신 나갔던 것이죠. 그래서 바다 건너 조선을 침공할 계획을 구체적으로 세웁니다. 이것이 동아시아 역사에서 큰 의미를 가져요. 일본은 임진왜란 이전까지 역사상 '국가급 A매치 규모'로 바다를 건너 조선이든 중국이든 나라를 상대로 전쟁을 일으켜 본 일이 단 한번도 없었기 때문입니다. 기껏해야 왜구들이 조선이나 중국 바닷가에 상륙해 해적질이나 해 왔을 뿐입니다.

조선은 일본을 얕봤다, 아주 많이 얕봤다

조선, 나아가 명나라 침공 계획을 세운 도요토미는 일단 조선에 사신을 보냈어요. 그리고 이런 메시지를 조선 조정에 통보합니다. "우리 일본은 최근 전국을 통일했다, 이제 명나라를 치러 갈 생각이니 조선은 길을 빌려 달라"라고 말입니다. 이른바 '가도입명假道入明'을 통보해요. 조선 입장에선 어이가 없는 말이었습니다. 왜구가 노략질이나 하던 일본이 당시 동아시아 최강국 명나라를 친다? 일단 헛웃음 나오는 일이었죠. 그리고 실제로 일본이 명나라를 칠 실력이 있다고 하더라도 명나라를 형님 나라로 섬기던 조선이 길을 비켜 준다? 이건 더 어이가 없는 일이었습니다.

그래서 조선은 일본이 보내오는 사신들을 다 무시해요. 웃기지 말라, 이거죠. 그런데 일본 사신들은 "자꾸 이런 식으로 우리 일본 사신들의 경고를 무시하면 조선은 무사하지 못할 것이다"란 험한 말을 하는 겁니다. 그래서 조선 조정은 '저것들이 뭔가 믿는 구석이 있어서 저렇게 큰소리를 치는 것 같다' 싶어 일본에 사절단을 보냈습니다. 일본이 최근 백 년 만에 통일도 했다고 하니 현지에 가서 현지 분위기 좀 보고 정말로 명나라를 칠 실력이 있는지 파악하고 오는 것이 임무였습니다.

황윤길, 김성일, 이렇게 두 사람이 사절단을 이끌고 일본으로 들어갔어요. 같은 시간, 같은 장소를 둘러본 두 사람, 조선으로 돌아와 한 보고는 180도 달랐습니다. 황윤길은 '일본은 반드시 쳐들어온다'고 주장했던 반면 김성일은 '도요토미란 인물은 원숭이 같았고 절대 일본이 쳐들어올 일은 없다'고 주장을 했답니다. 왜? 당시 조선 선조 때는 우리가 국사 시간에 그렇게 힘들게 파벌 도표를 외웠던 '당파 싸움'이 슬슬 시작될 무렵이었거든요. 황윤길과 김성일은 서로 라이벌 파벌 소속이었어요. 당연히 서로 다른 의견을 낼 수밖에 없었답니다. 참 한심한 일이지요. 물론 김성일은 나중에 전쟁이 터진 후 자신의 주장에 대해 크게 후회하고 참회하는 뜻으로 전국에서 의병장을 돕는 활동을 했어요.

일본, 동아시아 역사상 처음으로 대륙 침공을 시작하다

　　조선이 이렇게 '전쟁은 그리 쉽게 일어나는 일이 아니야, 일본이 만일 쳐들어온다고 해도 그냥 대규모 왜구 노략질 수준일 것이야'라고 방심하는 사이, 왜군 제1군 18,700명이 일본을 떠나 부산으로 쳐들어왔습니다. 임진년 1592년 5월 23일이었습니다. 동아시아 최초의 국제전(중국, 조선, 일본) '임진왜란'이 시작됐습니다. 다대포, 부산진성, 동래성을 차례로 무너뜨리며 일본군은 무서운 기세로 수도 한양을 목표로 달려갔어요. 정말로 '달려'갔어요. 일본군이 부산에 상륙한 후 단 20일 만에 한양에 도착했거든요. 그건 정말로 무섭게 달려갔다는 뜻입니다. 왜? 당시 일본군의 목표는 조선의 '영주'인 선조 임금을 최대한 빨리 붙잡는 것이었기 때문이죠.

　　일본군이 이렇게 파죽지세로 저항도 거의 없이 한양으로 뛰어올 수 있었던 이유는 다음과 같습니다. 일단 일본은 아주 치밀하게 조선 침공을 준비했어요. 미리 스파이를 조선 전역에 몰래 보내 조선의 지형을 세밀하게 그린 지도를 만들었습니다. 그래서 어느 지역, 어느 하천, 어느 고을을 통과해야 한양으로 가장 빨리 갈 수 있는지 이미 알고 있었어요. 그리고 왜군은 그 무엇보다도 사령관들이 일본 각 성의 영주들이었고 군인들은 그 영주 소속의 무사들이었습니다. 그 말은 이미 그들은 백 년 동안 손발을 맞춰 수많은 전투를 해 온 '준비된 군대'였던 겁니다. 그런 반면 조선은? 말씀드렸잖습니까. '일본 안 쳐들

<부산진순절도>, 변박(卞璞, ?~?), 1760년, 육군박물관 소장품

어온다니까'란 생각에 아무런 준비도 안 하고 있던 상황이었죠. 게임이 안 되는 건 당연했습니다.

남쪽에서 '무시무시한 수의 왜군이 무시무시한 속도로 한양을 향해 달려오고 있다'란 급보가 계속해서 보고되자 선조는 하지 말아야 할 결정을 내립니다. 바로 수도 한양을 버리고 북쪽으로 도망가는 것이었죠. "아니, 왕이 일단 피신해야 훗날을 도모할 수 있는 거 아니야?"라고 주장하시는 분들, 그렇지 않습니다. 그 어떤 세계사, 전쟁사에서도 국왕, 사령관이 자신의 군대와 백성을 버리고 도주한 경우는 거의 없어요. 끝까지 항전하지요. 특히 일본군이 한양에 들어왔을 때 '조선의 영주' 선조 임금이 '튀어 버린 걸' 보고 어이가 없었다고 합니다. 왜? 일본은 기본적으로 두 영주끼리 전투를 벌인 후 한쪽이 지면 진 영주는 깨끗이 패배를 인정하고 할복 자결을 하는 것이 전통이었기 때문에 영주가 성을 버리고 튄다는 건 상상도 못 했으니까요.

하여간 선조는 비 오는 새벽, 몰래 궁을 빠져나와 북쪽으로 도망가기 시작했어요. 왕이 궁을 버렸다는 소식을 들은 백성들은 분노에 차 궁에 불을 지르기도 했지요. 개성 쪽으로 올라가던 선조는 암초를 하나 만납니다. 임진강을 건너야 하는데 배가 없는 겁니다. 발만 동동 굴리던 선조 일행을 주변 마을 백성들이 나와 도와줬습니다. 자기 집 나무 대문을 떼어 내서 임시 다리를 만들어 준 것입니다. 당시 나무로 만든 문을 '널문'이라고 했거든요. 선조는 감동해서 그 주변 마을 이름을 '널문리'라고 하라는 명을 내렸어요. 이 널문리 마을이 나중에 한국전쟁 휴전 협상이 진행된 마을이 됩니다. 휴전 협정에 참여한 중국군

대표를 위해서 '널문'이란 이름을 한자 표기인 판문板門으로 바꾸고, 그 회담 장소가 '수점酒店'이어서 회담 장소 이름을 판문점板門店이라고 부르기 시작했어요.

이순신, 거침없던 일본군의 진군을 막다

개성을 거쳐 평양을 찍고 의주(신의주)까지 도주한 선조는 여차하면 정말 압록강을 건너서 명나라로 들어가려고 계획까지 했어요. 한 나라의 군주가 나라를 버리고 외국으로 도망갈 생각을 한 겁니다. 물론 선조도 그것까지 하진 않았어요. 조선의 왕이 자기 영토에 들어오면 여러 가지 골칫거리가 생길 것을 우려한 명나라에서 말도 안 되는 조건을 걸었기 때문입니다. '조선 왕과 그 일행 딱 백 명만 압록강을 건너올 수 있다. 그리고 우리 중국 땅에 오더라도 빈 건물 하나만 내줄 수 있다'란 치욕적인 조건이었죠. 아무리 선조라고 해도 그런 조건은 받아들일 수 없었나 봅니다. 자기도 생각했겠죠. '아니, 우리 조선이 중국에 지금까지 얼마나 사대를 했는데 막상 이런 위급 상황에 뒤통수를 쳐? 내 더러워서 중국 안 간다'라고요.

이런 가운데 일본군은 평양까지 치고 올라왔습니다. 평양에서 일본군 장수가 선조에게 편지를 하나 보내요. 그 내용은 '조선의 왕이여. 지금 의주에 계신다고 들었소. 곧 10만의 일본군이 쳐들어갈 것인

피란길에 오르는 선조의 어가행렬, 오카다 타마야마, 1893

데, 조선의 왕이시여, 이제 어디로 가실 겁니까? 하하하!'시며 왕을 놀리는 내용이었습니다. 선조 입장에선 진퇴양난도 그런 진퇴양난이 없었을 겁니다. 그런데 거침없이 북으로 진군하던 일본군이 갑자기 평양에서 올 스톱을 해 버립니다. 선조는 아무리 생각해도 그 이유를 알 수가 없었다고 해요. '날 놀리나? 평양에서 여유를 부리나? 왜 의주로 안 올라오지? 그 이유가 뭐지? 답답하다'라고 생각했겠지요.

일본군이 진군을 멈춰 버린 이유는 남해에서 일본의 보급이 끊겼기 때문입니다. 인류 역사상 모든 전쟁에서 가장 중요한 것은 바로 보급이에요. 삼국지의 수많은 전투에서도, 수많은 세계대전에서도 보급이 끊기면 전투는 그걸로 끝이었습니다. 임진왜란도 마찬가지였어요. 특히 일본군은 바다 건너 본토에서 병사와 식량을 보급받던 상

- **순천부지도**順天府地圖**(부분), 작자 미상,** 1872
  전라좌수영의 모습
- **해남현지도**海南縣地圖**,(부분), 작자 미상,** 1872
  전라우수영의 모습

황이었는데, 이 바다 보급로가 끊겼다는 건 전쟁을 더 이상 수행할 수 없다는 얘기였습니다. 그럼 누가 바다에서 보급을 끊었나? 바로 이순신 장군이었습니다.

이순신 장군은 임진왜란 발발 당시 전라좌수사로 근무하고 있습니다. 전라좌수사? 여러 국사책과 국사 강의는 참 불친절해요. 이런 낯선 용어가 나오면 설명해 줘야 하는데 그냥 외우라고만 하니까요. 당시 조선은 경상도와 전라도 앞바다를 좌, 우로 나누고 각각 좌수영, 우수영이라는 수군 본부를 운영했어요. 그런데 당시의 좌, 우, 이게 좀 헷갈려요. 우리가 현재 한국 지도를 보고 좌, 우를 결정한 것 아니라, 한양에서 임금이 아래로 내려다봤을 때를 기준으로 좌, 우를 결정했어요. 그러니까 지금의 목포 앞바다가 전라우수영이고 여수 근처가 전라좌수영입니다. 이순신 장군은 지금의 여수 근처 앞바다를 담당하던 전라좌수영의 최고 사령관, 전라좌수사였습니다.

사실 이순신 장군은 이미 임진왜란 발발 이전부터 일본이 조선을 침공할 가능성이 아주 크다고 판단했어요. 그리고 임진왜란 이전에 여러 군소(?) 왜구의 침공을 막아 내면서 일본 수군의 함선 구조와 약점을 정확하게 파악했답니다. 그리고 일본 수군의 함선을 격파할 수 있는 함선 개발에 나섰어요. 그렇게 만들어 낸 것이 우리가 국사책에서 그렇게 많이 들었던 '평저平底 판옥선'이었어요. 말 그대로 바닥은 평평하고 튼튼한 나무판자로 만든 배였습니다. 물론 세계 최초의 철갑선인 거북선은 말할 것도 없고요. 거북선은 이순신 장군이 처음으로 만든 것이 아니라 태종 이방원이 처음으로 그 아이디어를 내서 시

제품으로 만든 것을 이순신 장군이 더 발전시킨 것이랍니다.

왜 조선 수군의 평저 판옥선이 일본 수군의 함선을 압도했는지 설명해드릴게요. 당시 일본 함선은 '세키부네關船'란 이름의 배였는데 바닥이 뾰족한 구조로 되어 있었습니다. 그래서 앞으로 빠르게 전진할 수 있었던 반면, 좌회전 우회전이 좀 힘들었어요. 왜 그랬냐 하면 일본 수군의 전략은 적선에 빨리 돌진한 다음 적선 갑판 위에 병사들이 올라타 칼싸움을 하는 것이었어요. 자기들이 잘하는 것이 칼싸움이었으니까요. 그 전략에서 가장 중요한 것은 무조건 상대 적선까지 돌진하는 것이었습니다. 단점은 그 돌진을 중간에서 막아 버리면 작전이 물거품으로 돌아간다는 것이었죠.

일본군 장수가 미역만 먹고 겨우 살아난 한산대첩

이순신 장군의 판옥선은 일본의 세키부네에겐 지옥 그 자체였습니다. 일본 함선은 조선 수군을 발견하면 당연히 빠른 속도로 돌진했겠지요. 그때 멀리서 대기하고 있던 조선 판옥선이 일제히 90도로 돌면서 옆구리를 일본 배 쪽으로 돌렸습니다. 그리고 옆구리에서 일제히 화포가 불을 뿜었어요. 판옥선은 또 180도 돌면서 다른 쪽 옆구리에서 불을 뿜었습니다. 그런 식으로 판옥선은 제자리에서 계속 360도 회전하면서 십자 포화를 날렸습니다. 밑이 평평한 평저선

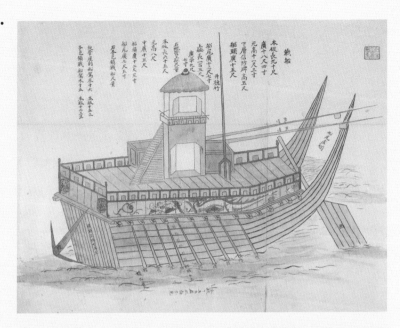

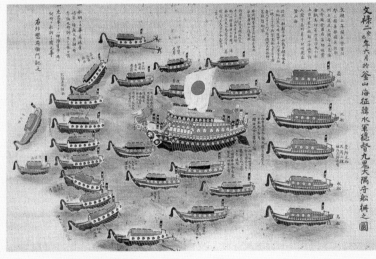

- 판옥선, 작자 미상, 『각선도본』, 조선 후기
- 구키 요시타카의 함대, 작자 미상, 1593년경
  이타케부네와 주변을 둘러 싼 세키부네의 모습

이었기에 가능한 움직임이었습니다. 빠르게 돌진하던 일본 함선들은 수없이 날아오는 포탄에 조선 수군 함선 근처에도 못 오고 모두 격침되는 운명을 맞았어요.

1592년 6월 16일, 거제도 옥포 앞바다에서 조선 수군 최초의 해전 승리를 이끌며 왜군의 보급을 끊기 시작한 이순신 장군에 대한 보고가 도요토미 히데요시에게도 들어갔어요. 바다 보급로가 끊기면 큰일이 나기에 도요토미는 당시 일본 최고의 해군 전문가에게 명령을 내립니다. "가서, 그 이순신이란 자를 죽여라"라는 명령을요. 그 명령을 받은 일본 장수는 '와키자카 야스하루脇坂安治'였습니다. 영화 〈명량〉에서 조진웅 씨가 역할을 맡았지요. 원래 오사카 앞바다에서 해적질하던 해적이었어요. 일본 전국시대 때 도요토미 밑으로 들어가 활약하다가 임진왜란이 터지자 일본 수군 보급 관련 일을 담당하고 있었어요. 그런데 이번에 이순신을 죽이라는 명령을 받은 겁니다. 와키자카는 명령을 받자마자 이런 말을 했다고 해요. "이순신, 그대가 누군지는 모르겠지만 그대의 무운武運, 장군으로서의 운도 이제 끝이오"라고요.

드디어 한산도 앞바다에서 1592년 7월 8일, 이순신 장군과 일본 수군 최고 실력자 와키자카의 두 나라의 운명이 걸린 싸움, 임진왜란의 처음이자 마지막 '국가 대표급 A매치' 대규모 해전을 벌입니다. 이것이 임진왜란 3대 대첩(행주 대첩, 진주 대첩에 이어) 중 하나이자 임진왜란 최고의 하이라이트인 '한산 대첩閑山大捷'입니다. 와키자카 또한 일본 수군의 해전 방식으로 세키부네를 이끌고 조선 함선들을 향해 돌진해 왔습니다. 자신이 있었겠지요. 평생을 바다에서 살아온 해적 출

<태평기영웅전: 와키자카 야스하루>, 우타가와 요시이쿠, 연도 미상

신이었으니까요. 그러나 그런 와키자카 앞에 기다리고 있었던 건 이순신 장군의 무적 판옥선들이었습니다. 이순신 장군은 그 유명한 학익진(학처럼 적을 둘러싸는 것)으로 와키자카의 일본 함선들을 포위한 후 판옥선들을 360도 회전시키며 십자 포화를 날렸습니다. 바다에서 잔뼈가 굵었던 와키자카였지만 이런 식의 해전은 처음 경험해 보는 것이었습니다. 일본 수군은 처절하게 대패했습니다. 와키자카의 73척 함선 가운데 무려 59척이 격파되어 수장됐습니다.

　겨우 목숨만 건졌던 와키자카 야스하루. 당시 무인도였던 한산도에 겨우 기어 올라가 숨습니다. 그리고 일주일 넘게 섬에서 미역만

먹으며 겨우 목숨을 부지하다 구사일생으로 한산도를 탈출했답니다. 물론 그 이후에도 이순신 장군과 여러 차례 해전을 벌였지만, 예전의 기고만장했던 와키자카가 아니었어요. 와키자카는 나중에 전쟁이 끝난 후 일본으로 돌아가 이순신 장군을 통해 겸손을 배웠다고 합니다. 이 세상에 바다에 대해서는 자신이 최고라고 생각했는데 자기보다 더 뛰어난 이순신이란 존재가 있다는 것을 깨달은 것이었죠. 와키자카는 그 이후 한산 대첩일인 매년 7월 8일이면 그날을 기억하기 위해 미역을 먹었고, 그 전통이 지금까지 와키자카 집안에서 이어져 오고 있다고 합니다.

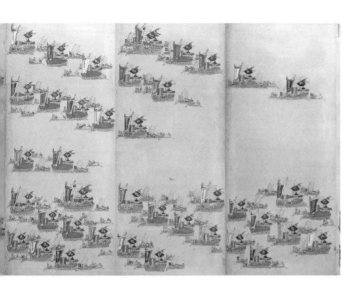

<수조도_{水操圖} 병풍>,
정효현, 연도미상
한산 대첩 전법을 그
린 병풍으로 경남 통
영충렬사에서 소장
하고 있다.

한산 대첩 패배 이후,
모든 것이 꼬이기 시작한 일본

　　한산 대첩에서 와키자카의 일본 수군이 대패했다는 보고
를 받은 도요토미는 이런 명령을 내립니다. "앞으로 조선 수군과는
전투하지 마라"라는 명령을요. 평생을 전쟁터에서 살아온 도요토미
는 직감적으로 이순신과 전투를 벌이면 승산이 없다는 것을 느낀 겁
니다. 남해 해상이 완벽하게 이순신 장군의 통제에 들어간 순간이었
습니다. 그런데 이렇게 남해를 이순신 장군이 지배하게 되면 일본으

로서는 전쟁 자체가 불가능하게 됩니다. 왜? 일본 본토에서 보급을 조선으로 계속 보내야 하는데 그 보급로가 끊어져 버렸기 때문입니다.

게다가 이젠 명나라까지 참전해 버려요. 당시 명나라는 조선에 파병을 해야 하나 말아야 하나 고민을 많이 했어요. 그러다 '어차피 일본의 최종 목표가 명나라라고 하니 일본과 전쟁은 불가피하다. 기어이 전쟁을 해야 한다면 명나라 땅이 아니라 조선 땅에서 일본을 처리하자'는 결론을 내립니다. 그리고 임진년이 끝나가던 1592년 겨울, 얼어붙은 압록강을 넘어 5만이 넘는 원군을 조선에 파병합니다. 일본으로선 헬-게이트가 열린 순간이었어요.

당시 일본 주력군은 대부분 남쪽 규슈 지방에서 온 병사들이었습니다. 우리에겐 후쿠오카, 가고시마 등으로 잘 알려진 남쪽의 따뜻한 지방이잖아요. 그곳은 겨울에도 영상이에요. 제주도보다도 남쪽에 있으니까요. 이들에게 조선 북부 산악 지대의 살을 찢어 버리는 맹추위는 태어나서 처음 겪어 보는 지옥과도 같은 고통이었습니다. 남쪽에선 이순신 장군이 보급을 끊어 놔서 보급도 제대로 안 오죠. 조선의 동장군을 처음 경험한 병사들은 정신 줄을 놔 버렸죠. 그런 상황에서 이런 추위쯤이야 껌이다, 라면서 5만의 중국 명나라군이 몰려오고 있죠. 일본은 결국 평양에서 남쪽으로 퇴각하기로 결정합니다. 기록에 따르면 퇴각하면서 무려 7만 명의 일본군이 추위와 배고픔에 동사했다고 합니다.

이제 전쟁은 조선의 승리로 끝날 것 같이 보였습니다. 그런데 갑자기 변수가 등장합니다. 바로 명나라와 일본이 서로 '이쯤에서 전쟁을 끝내자'란 협상을 시작해 버린 겁니다. 일본도 '어차피 명나라 정벌은커녕 조선 점령도 불가능해진 상황에서 명나라로부터 안전한 퇴각을 보장받자' 생각했고, 명나라도 '자기들이 전쟁 그만두고 일본으로 돌아간다고 하는데 굳이 남의 나라에 와서 피 흘리고 전쟁할 필요 없는 것이 아닌가?' 생각한 겁니다. 그러면서 전쟁을 중단하고 몇 년 동안 협상을 벌여요. 우리가 임진왜란 하면 7년 전쟁이라고 말을 하지만, 실제 치열하게 전쟁한 기간은 1592년부터 1593년까지 약 1년 정도였어요. 그리고 그 이후 몇 년 동안은 명나라와 일본 간의 지루한 협상 기간이었답니다.

명나라와 일본 협상단, 동아시아 최대의 국제 사기극을 꾸미다

어찌해서든 전쟁을 끝내려고 했던 명나라 측 협상단과 일본 측 협상단은 양국 수뇌부인 명나라 황제와 도요토미를 속이면서까지 전쟁을 마무리하려는 무리수를 둡니다. 왜? 일본의 도요토미는 '지금 퇴각하는 것은 작전상 후퇴지 절대 항복하는 것이 아니다'라고 믿고 있었어요. 그래서 전쟁을 중단하는 조건으로 ① 명나라 공주를 일본 왕에게 시집보내라, ② 조선 8도 가운데 4개 도는 일본이 먹는다, ③ 조선 왕자 하나를 인질로 보내라는 요구를 했어요. 명나라 입장에선 절대 받아들일 수 없는 조건이었습니다. 그래서 협상단은 동아시아 최대의 국제 사기극을 꾸밉니다. 일단 명나라 협상단은 명나라 황제에게 "일본의 도요토미가 전쟁을 일으켜서 미안하다고 합니다. 그리고 조공도 앞으로 꼬박꼬박 바치고 신하로 살겠다고 합니다"란 보고를 했어요. 아무것도 모르던 명나라 황제는 "그래? 알았다. 도요토미를 명나라의 신하로 인정한다"란 문서를 써서 일본으로 보내요.

그 문서를 가져온 '명/일 국제 사기단'은 신에게 빌었을 겁니다. '제발 도요토미가 그 문서만은 읽지 않게 해주세요'라고요. 그런데 정말 도요토미가 그 문서를 읽지 않았어요. 사신단은 얼마나 안도했을까요. 그러나 사신단이 떠나는 마지막 날 "어이, 뭐 명나라에서 보내온 그 문서에 뭐라고 쓰여 있는지 구경이나 해 보자"라면서 문서를 읽어 버립니다! 모든 상황이 다 국제 사기극이었다는 걸 알게 된 도요토미는 격분합니다. 그리고 다시 총공격 명령을 내려요. 그것이 1597년 정유년에 다시 일어난 왜란, '정유재란丁酉再亂'입니다. 무려 12만의 대군이 조선을 공격하기 시작했어요.

이 시점에서 임진왜란 최대의 미스터리가 하나 발생합니다. 당시 일본군 장수 가운데 '고니시 유키나가小西行長'와 '가토 기요마사加藤清正'가 있었는데 원래 일본에서부터 원수 사이였습니다. 전국시대에 라이벌 영주였던 것이죠. 그러다가 임진왜란이 터지자 어쩔 수 없이 '한 팀'이 되어 전쟁에 참전한 상황이었어요. 자, 이제 정유재란이 터졌어요. 그런데 고니시 측의 조선어 통역사인 '요시라'란 인물이 조선군에게 첩보를 하나 몰래 알려 줍니다. "난 고니시 측의 신하인데 알다시

피 우리 주군 고니시와 가토는 서로 원수요. 그래서 하는 말인데 좋은 첩보를 하나 주겠소. 몇 월 며칠에 가토의 주력군이 부산포에 상륙하니 그때 가토를 공격하면 조선군은 승리할 수 있소." 이 소식을 접한 선조 임금은 바로 이순신에게 명령을 내립니다. 첩보대로 대기하고 있다가 가토의 일본군을 박살 내라고요. 그런데 이순신 장군은 그 명을 듣지 않습니다. 왜? 왜군

<태평기영웅전: 고니시 유키나가>, 우타가와 요시이쿠, 연도 미상

측이 흘린 첩보를 믿을 수가 없다는 겁니다! 물론 이순신 장군 판단이 옳았을 수도 있어요. 하지만 분명히 왕명을 어긴 겁니다! 격분한 선조는 바로 이순신 장군을 끌고 와 혹독한 조사를 한 후 장군에서 졸병으로 강등시켜 버립니다. 그리고 다시 전쟁터로 보내죠. 이것이 그 유명한 '백의종군白衣從軍'이랍니다.

처절하게 박살 나는 조선 수군

정유재란이 터질 즈음 이순신 장군의 직급은 '삼도수군통제사三道水軍統制使'란 어마어마한 지위였어요. 예전에 전라좌수사 정도가 아니라 전라도, 경상도, 충청도, 3개 도의 모든 수군 지휘권을 가진, 지

금으로 치면 해군참모총장 정도의 지위였답니다. 그런데 그런 자리에서 쫓겨나 작내기 하나 졸병이 된 겁니다. 그럼 그 삼도수군통제사 자리를 누가 차지했을까요? 바로 임진왜란 최악의 X맨, 원균元均이란 자였어요. 전쟁 내내 이순신 장군을 질투했고, 임진왜란이 터지자마자 일본군과 싸울 생각도 안 하고, 수군의 배를 일부러 바다에 가라앉히고, 무기는 바다에 다 버리고 도주한 인간이었습니다. 이런 인물이 조선의 운명과도 같은 수군 지휘권을 모두 가지고 있었어요.

이런 상황에서 일본군은 12만 대군으로 조선을 다시 침공하기 시작했어요. 당황한 조선 조정은 원균에게 빨리 바다에서 일본과 맞서 싸우라는 명령을 내립니다. 그리고 운명의 1597년 7월 18일, 지금의 경상남도 거제시 북쪽에 있는 칠천량에서 일본 해군과 격돌합니다. 이순신 장군이었다면 철저히 관찰하고 판단한 후에 전투가 시작되면 일격에 적을 섬멸하여 병사들을 충분히 쉬게 해주었을 텐데, 원균은 그렇지가 않았습니다. 적만 보이면 유인선인 줄도 모르고 무조건 쫓아가라 명령을 내려요. 그렇게 칠천량 앞바다에서 일본 수군에 질질 끌려다닙니다. 지금이야 배가 엔진으로 돌아가지만 당시는 사람이 노를 저었잖아요. 노를 젓던 수군들은 기진맥진했어요. 갈증에 목이 타들어 갔답니다. 그래서 칠천량에 배를 대고 육지에 상륙해 정신없이 물을 찾았어요. 싸울 군사가 없는 조선의 판옥선은 아무 의미가 없었습니다. 조선 수군이 우왕좌왕하는 모습을 본 일본군은 일제히 공격했습니다. 그리고 조선 수군이 자랑하던 판옥선과 거북선은 모두 바닷속으로 가라앉고 맙니다. 세계 해전사 최악의 오점으로

칠천량 해전, 『회본태합기』, 1919, 국립중앙도서관

기록된 원균의 '칠천량 해전'이었습니다. 원균은 그대로 육지에 올라가 도망가다가 일본군에 붙잡혀 죽습니다.

자, 이제 배설 장군 이야기를 해 봅시다. 영화 〈명량〉에서는 배설 장군이 이순신 장군을 암살하려다 발각되어 처형당하는 것으로 나옵니다. 실제는 어떠했는지 알아볼까요? 배설 장군도 칠천량 해전에 참전했어요. 당시 지위는 경상우수사(경상도 오른쪽 바다를 책임지는)였습니다. 칠천량 해전에서 조선 수군의 무적 판옥선이 일본군에 의해 무참히 박살 나는 것을 눈으로 지켜보던 배설 장군은 목숨을 걸고 판옥선 12척을 칠천량에서 빼내 오는 데 성공합니다. 예, 맞습니다. 그 12척이 이순신 장군이 명량 해전에서 썼던 그 12척입니다. 사실 배설 장군이 그 배들을 목숨 걸고 빼내 오지 않았다면, 세계 해전사 최대의 전투 '명량 해전'은 물론, 오늘날의 이순신 장군도 없었을 겁니다.

아, 명량
앞바다여!

칠천량 해전에서 조선 수군이 전멸당하고 원균까지 죽게 되자 선조도 어쩔 수 없이 졸병으로 백의종군하던 이순신 장군에게 다시 삼도수군통제사 지위를 줍니다. 그러나 이순신 장군이라고 어쩌겠습니까? 일본과 싸울 배가 하나도 남지 않았는데요. 이때 칠천량에서 배설 장군이 살아 돌아옵니다. 12척의 판옥선과 함께요. 여기서부터 난중일기 등의 기록에 따르면 배설 장군은 이상한 행동을 보입니다. 이순신 장군의 명을 잘 따르지 않고 병을 핑계로 도망갈 생각만 했다고 합니다. 그러다가 12척의 배를 넘겨주자마자 실제로 도주했어요. 결국 나중에 체포되어 처형당한 것은 사실입니다. 그러나 영화 〈명량〉에서처럼 배설 장군을 겁쟁이, 배신자로 색안경을 끼고 보면 안 될 겁니다.

당시 배설 장군의 입장도 한번 생각해 보자고요. 천하무적이던 조선 수군이 전멸하는 것을 눈앞에서 봤어요. 그리고 수군통제사 원균이 일본군에게 무참히 죽었고요. 그런 상황에서 '물론 내가 끌고 왔지만 겨우 이 12척으로 저 기세등등한 일본 수군과 맞서 싸운다고?

『충무공난중일기』, 이순신, 1969, 규장각

그건 미친 짓이야'란 생각을 충분히 했을 겁니다. 이순신 장군이 12척의 판옥선으로 일본 최고의 수군과 맞서 싸워 이긴다는 것은 현실적으로 전혀 생각 못했을 거예요. 오히려 그런 전투를 밀고 나가는 이순신 장군이 제정신이 아니라고 생각했을 겁니다. 그래서 (물론 장수로서 절대 그러면 안 되지만) 겁을 먹고 도주했던 겁니다.

　　1597년 9월 16일, 운명의 명량 해전의 날이 밝아 왔습니다. 이순신 장군은 생각했어요. 12척의 판옥선으로 수백 척의 일본 함선을 상대할 수 있는 곳이 어디인가. 이순신 장군은 지금의 해남군과 진도군 사이에 있는 명량 수로를 격전지로 결정합니다. 이 수로는 '물이 우는 수로'란 뜻의 '울돌목'이란 별명이 있을 정도로 아주 좁고 엄청나게 빠른 조류를 자랑해요. 이순신 장군은 이곳에 대기하면서 일본 수군을 유인합니다. 이순신이 수군통제사로 복귀했으나 배가 겨우 12척밖에 안 된다는 소식을 들은 일본 수군은 지금까지 당했던 복수를 하기 위해 진도 명량 앞바다로 몰려오기 시작했어요. 무려 300척의 함선을 이끌고 말입니다(130척이란 주장도 있어요). 이때 이순신 장군은 두려움에 떨고 있는 조선군에게 그 유명한 말을 합니다. "살고자 하면 죽을 것이고, 죽고자 하면 살 것이다!"

이순신 장군은 명량 앞바다 울돌목 수로에 배설 장군이 끌고 온 12척 그리고 본인의 대장선 1척을 더해서, 총 13척의 판옥선을 일렬로 세웁니다. 수로가 워낙 좁다 보니 판옥선 13척만으로도 수로가 꽉 찼어요. 일본 수군의 배가 300척이라고 해도 좁은 수로 때문에 한 번에 몇 척밖에 들어올 수 없는 상황. 빠른 물살에 컨트롤을 잃은 일본 함선들은 지방 흡입할 때 지방 빨려 들어가듯 울돌목 수로 안으로 빨려 들어왔답니다. 일본 함선들은 일렬로 기다리고 있던 이순신 장군의 13척의 판옥선의 쉬운 먹잇감이 되었습니다. 13척의 판옥선은 끊임없이 360도 회전하며 십자 포화를 발사했고, 조류에 뒤엉키며 난장판이 된 일본 함선들은 그런 함포 사격에 힘없이 격침되고 맙니다. 해전에서 승리한 후 이순신 장군은 한마디를 남겼습니다. "난 운이 좋았을 뿐이다."

이 말도 안 되는 승리, 13척의 배로 무려 300척의 적선을 격파한 이 해전은 우리나라와 세계 해전사의 미스터리로 기록되어 있을 뿐 아니라 이순신 장군을 '성웅'의 반열에 올렸답니다. 임진년 때 한산대첩에서 일본 수군을 거의 전멸시키며 일본의 조선 점령의 야망을 꺾

명량 해전, 『회본태합기』, 1919, 국립중앙도서관

었던 이순신 장군. 일본이 다시 조선을 침공한 정유년의 재란 때는 이 말도 안 되는 기적인 명량 해전에서 대승을 거두며 일본군의 사기를 꺾었고('정말로 조선은 정벌할 수 없는 나라구나' 하고 생각하기 시작했어요), 일본은 조선을 완전히 포기하게 됩니다.

영화 〈명량〉을 보면 여러 부분에서 "에이, 어떻게 저게 가능해. 너무 국뽕이 심한 것 아니야?"라고 말할 수도 있습니다. 하지만 우리 역사에서 이순신 장군과 그의 업적이 차지하는 부분을 생각해보면, 영화상의 이순신 장군은 과장된 모습이 결코 아닐 것입니다. 오히려 이 영화는 칭송받아야 하는 부분이 있습니다. 지금까지 수많은 이순신 장군 관련 영화와 드라마에선 정말로 '인간 이상의 영웅'으로 묘사되어 왔는데, 영화 〈명량〉에서 만큼은 '인간으로서의 이순신', 그리고 그의 고뇌와 약점 등도 잘 묘사되어 있기 때문입니다. 충무공 이순신 장군은 한산 대첩과 명량 해전, 이 두 해전으로 우리나라 역사를 바꾼 인물이라는 점을 우린 꼭 기억해야 합니다.

3짱

여왕 마고

프 랑 스 의 종 교 전 쟁 이 야 기

SYNOPSIS

프랑스 역사의 중요한 기점인 '성 바르텔미 축일의 대학 살'을 배경으로 한 영화 〈여왕 마고〉. 그날에는 무슨 일이 일어났고, 여왕 마고는 얼마나 중요한 인물이기에 영화 의 주연이 되었을까? 프랑스의 치열했던 종교 전쟁, 프랑 스를 중세에서 르네상스로 연결한 역사의 순간 속으로!

여왕 마고

La Reine Margot, Queen Margot, 1994

감독	파트리스 쉐로
주연	이자벨 아자니, 다니엘 오떼유

여러분, 프랑스 좋아하세요? 프랑스, 멋진 나라지요. 에펠탑, 개선문, 루브르 박물관, 맛있는 와인, 화려한 명품 브랜드들! 많은 이들이 프랑스 여행을 꿈꾸고 또 프랑스에 대해 공부하려고 해요. 그런데 막상 프랑스 역사 공부를 시작하면 바로 좌절들을 하세요. 일단 무슨 1세, 2세, 14세 하는 그 복잡한 왕들 이름에 눈앞이 캄캄해지지요. 그리고 뭔 놈의 복잡한 전쟁들은 그리 많은지. 그래서 대충 나폴레옹 역사, 프랑스 혁명만 조금 공부하시다가 '에라, 모르겠다!' 하고 그냥 포기를 많이 하십니다.

자, 프랑스 역사에 관심 있으시다면 한 사건을 먼저 주목하셔야 해요. 물론 나폴레옹도 중요하고 프랑스 혁명도 중요하지만, 프랑스 역사를 통틀어 오늘날의 프랑스에 지대한 영향을 준 한 사건. 바로

1572년 8월 24일에 파리를 시작으로 프랑스 전국에서 벌이진 '성 바르텔미 축일의 대학살'입니다. 가톨릭 신자들이 개신교 신자들을 무참히 살해한 비극적인 사건인데요. 파리에서만 무려 5천 명을 학살한 프랑스 최악의 흑역사랍니다. 이 사건이 중요한 이유는 바로 프랑스 역사를 '중세 시대'에서 '르네상스 시대'로 연결시키고, 나아가서는 그 유명한 프랑스 혁명까지 이어 준 역사적 사건이기 때문입니다.

영화 〈여왕 마고〉는 '성 바르텔미 축일의 대학살'을 배경으로 하는 영화예요. 이 영화 한 편만 완전히 이해하셔도 중세의 프랑스가 어땠는지, 왜 가톨릭은 개신교를 박해했는지, 그 이후에 프랑스는 어찌해서 혁명까지 겪으면서 왕(루이 16세)의 목을 국민들이 직접 쳐 버려야 했는지 큰 물줄기를 이해하실 수 있답니다. 자, 여왕 마고는 어떤 여인이었고 그 여인이 얼마나 중요한 인물이기에 영화 주인공까지 됐는지 지금부터 들어가 봅시다. 프랑스 역사를 아시려면 꼭 봐야 하는 영화 〈여왕 마고〉, 한번 같이 보실까요?

중세 유럽은 암흑의 시대였다

유럽에서 중세Medival Period는 서기 500년부터 1,000년 동안을 통쳐서 부르는 경우도 있지만, 일반적으로 십자군 전쟁으로 기독교와 이슬람교가 예루살렘Jerusalem을 놓고 무려 200년 동안 치고받고

가톨릭의 면죄부 판매, 외르크 브로이의 목판화, 1530

싸우던 1050년부터 1300년 정도까지를 말해요. 교황의 말 한마디에
유럽 각국의 왕들은 나라 살림을 내팽개쳤고, 때로는 서로 싸우다가
갑자기 적국의 왕과 '급' 화해하고 중동으로 떠났고, 예루살렘을 구하
러 떠났고, 십자가 하나에 목숨을 내던졌던 시대였습니다. 그 말은 당
시 교회의 힘, 교황의 힘이 전부였다는 말이지요. 또한 그 말은 교회에
조금이라도 '찍히면' 그건 곧 죽음을 의미했던 무시무시한 시대였습
니다. 일반적으로 불에 태워 죽였지요.

　　그 악명 높은 '면죄부'를 교황이 팔기 시작한 것도 중세 십자군
원정 때부터였습니다. 유럽에서 지금의 팔레스타인 지방까지 원정을

가는 것은 엄청난 돈이 드는 일이었어요. 교황의 명령을 받은 각국 기사들과 국왕들은 '알아서 기며' 그 돈을 스스로 조달해야 했지만 그것도 어느 정도지요. 교황도 그 먼 '출장비'를 보태줬는데 그 돈이 어디서 나왔냐? 바로 면죄부를 팔아서 충당했어요. 십자군 전쟁 비용을 대주는 사람에게 교황이 직접 면죄부를 주었는데, "신을 대신해서 교황이 죄를 용서해줄 테니까, 너는 돈을 내. 그럼 넌 특별히 십자군 전쟁에 끌려가서 안 죽도록 '참전 면제권'을 줄게"란 시스템이었습니다. 개판이었어요.

아니, 그럼 중세 시대 사람들은 이런 말도 안 되는 교회의 횡포에 왜 한마디도 안 했냐고요? 몰랐기 때문이었습니다. 신에 대해, 교회에 대해, 아무것도요. 당시 성경은 일반 백성들은 구경도 못 하던 시절이었어요. 당시엔 성경을 다 일일이 손으로 써서 만들었기 때문에 평균적으로 성경 하나 만드는 데 약 10년 정도 걸렸다고 해요. 혹시라도 운이 좋아 성경 근처에 갔다고 해도 글을 읽지 못했기 때문에 성경에 뭐라고 쓰여 있는지 알 수가 없었어요. 그래서 '신의 말씀, 예수님의 말씀'은 오로지 성직자의 입을 통해서만 알 수 있었어요. 성직자가 "야, 너 그러면 지옥 가. 너희는 읽지 못하지만 그렇다고 이 성경에 쓰여 있어. 까불고 있어"라고 우기면 그냥 믿을 수밖에 없던 암울한 시대였답니다.

르네상스가 이탈리아에서 시작된 이유

　　'르네상스Renaissance'란 말은 프랑스어로 '부활'이란 뜻입니다. 그럼 뭐가 부활했다는 말일까요? 예수님의 부활? 여기선 아닙니다. 르네상스 시대의 '르네상스' 뜻은 바로 '인간 중심 세상의 부활'을 뜻합니다. 아니, 그럼 그 이전엔 인간 중심이 아니었단 말인가? 예, 맞습니다. 앞에서도 말씀드린 것과 같이 중세 시대는 '신이 모든 것의 중심이 되는 세상'이었습니다. 그것을 인간 중심으로 부활시키자는 것이 르네상스의 정신이었습니다. 그럼 중세 시대 이전에는 인간 중심 세상이 있었다는 말인가? 예, 그리스 로마 시대가 그랬습니다. 그래서 기본적으로 인간이 중심이었던 그리스 로마 시대로 돌아가려고 했습니다.

　　그럼 왜 하필이면 이탈리아에서 르네상스가 시작되었을까요? 예전에 로마 땅이기 때문에? 에이, 단순히 땅이 이유였다면 르네상스는 그리스에서 먼저 시작됐겠지요. 그 이유는 바로 '돈'이었습니다. 중세 시대 이전부터도 유럽은 인도 등과 교역을 하고 있었어요. 인도에서 출발해 육로로 유럽에 가기 위해선 지금의 '이슬람 땅'을 반드시 거쳐 가야 해요. 십자군 전쟁 이전엔 기독교의 유럽과 인도 간의 교역을 중간에서 이슬람 세력이 막지 않았어요. 오히려 중계 무역을 하면서 돈을 벌었지요. 그런데 1095년 십자군 전쟁이 터지며 기독교와 이슬람교가 서로 원수가 된 이후 교역 루트가 끊겨 버린 겁니다.

여기에서 베네치아, 피렌체 등 당시 이탈리아의 도시들이 등장합니다. 훌륭한 장사 수완으로 인도 등에서 유럽으로 물건을 중계 무역할 수 있는 '독점 무역권'을 중동을 지배하고 있던 이슬람 제국으로부터 따낸 겁니다. 독점 무역권은 지금도 그 당시에도 무시무시한 권리였어요. 가만히 앉아 떼돈을 긁어모을 수 있는 권리였기 때문입니다. 그래서 십자군 전쟁, 중세 시대를 거치면서 유럽 대륙은 '원시인 시대'를 살 때, 베네치아와 피렌체 등의 이탈리아 도시 국가들은 오히려 돈이 넘쳐 나게 되었답니다. 이탈리아 도시 국가들은 십자군 원정에 떠나는 유럽 기사단들에게도 선박 등 물자를 팔면서 돈을 긁어모았습니다.

돈이 생기면? 그렇지요, 여유가 생겨요. 여유가 생기면? 궁금한 게 생기고. 궁금한 게 생기면? 공부를 하게 됩니다. 학교 School의 어원인 'Scole(스콜레)'도 라틴어로 '여유'란 뜻이랍니다. 여유가 없을 때는 혼자 겨우겨우 장사를 하지만, 조금 여유가 생기면 "동업자에게서 투자 좀 받아 사업 사이즈를 키워 볼까? 돈 놓고 돈 먹는다고 하잖아. 하하하!"라면서 회사 사이즈도 키우겠지요. 회사 'Company'의 어원인 'Compania(콤파니아)'도 라틴어로 '빵을 나눠 먹다'란 뜻이랍니다. 또한 여유가 생기면? 바깥세상이 궁금해져요. 하루 벌어 하루 살아 봐요. 여행 따위 생각할 여유도 없지요. 돈이 좀 생긴 이탈리아에서 당시 마르코 폴로, 콜럼버스 등의 여행 탐험가들이 나온 이유도 바로 '여유' 덕분이었습니다.

사람들이 생각의 여유가 생기면 삶의 근본적인 궁금증도 생깁

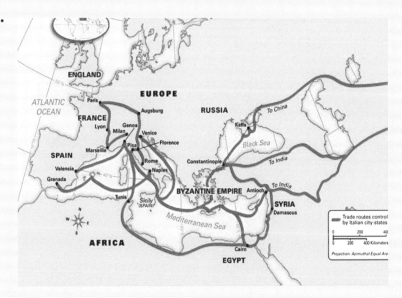

- 르네상스 시기 이탈리아 무역 지도
- 중계 무역으로 성장한 도시 베니스

<아테네 학당>, 라파엘로, 1509-1510

니다. 바로 '지금 내가 믿고 있는 것이 올바른 것인가?'란 궁금증 말입니다. 즉, '비판 의식'이 생기기 시작한 겁니다. 이런 이탈리아의 르네상스 움직임이 16세기부터 슬슬 유럽 본토 쪽으로 번지기 시작해요. 심지어 바다 건너 영국까지 영향을 미쳐요. 그 대표적인 결과가 바로 셰익스피어Shakespeare지요. 르네상스 이전엔 영국에서도 영어 대신 라틴어를 써야 '있는 사람' 대접을 받았거든요. 셰익스피어는 그것이 마음에 안 들었어요. "영국인이 영어로 작품을 써야지, 무슨 라틴어!"라고 외치며 "언제까지 신에 대한 충성 타령을 할 것인가? 이제 진짜 사람 이야기를 써 보자"라고 쓴 것이 바로 '로미오와 줄리엣' 아니겠습니까?

🎥 구텐베르크 '유럽 최초'의 금속 활자, 종교 개혁을 시작시키다

그런 가운데 약 1450년경 유럽 최초로 금속 활자가 만들어졌어요. 아시다시피 세계 최초의 금속 활자는 고려 때 우리나라에서 만들었지요. 구텐베르크Gutenberg의 금속 활자는 정말 혁명 그 자체였어요. 일단 한 권 만드는 데 10년 정도 걸렸던 성경을 단숨에 대규모로 찍어 낼 수가 있었어요. 그것도 각국의 각자 언어로요. 이전까지는 라틴어로만 제작되었거든요. 이제는 독일은 독일어로, 영국은 영어로 성경을 만들기 시작한 겁니다. 이것이 엄청난 반향을 일으켰어요. 자

기 눈과 자기 나라말로 처음 접한 성경 내용, 지금까지 성직자들이 떠들던 내용과는 전혀 달랐기 때문입니다. 그들의 반응은요? '지금까지 속았다'였어요.

유럽 전역에서 슬슬 '썩어 빠진 교회를 가만 놔두면 안 되겠네'란 분위기가 들끓기 시작했어요. 맨 처음 영국의 신학자 존 위클리프 John Wycliffe가 "교황을 개혁해야 한다"라는 '겁대가리 없는' 주장을 합니다. 결과는? 바로 사형이었어요. 그리고 위클리프가 쓴 책들은 '마귀의 책'으로 불태워집니다. 하지만 한번 시작된 개혁의 물결은 멈출 수가 없었어요.

바티칸 시국에 위치한 성 베드로 성당

　이런 상황에서 반성해야 할 교회는 더욱 정신 나간 짓을 합니다. 당시 로마 바티칸엔 '성 베드로 성당St. Peter's Basilica'의 폐허가 남아 있었어요. 예수님의 제자 가운데 베드로가 로마 가톨릭의 초대 교황이란 것 아시죠? 그 베드로가 박해당한 후 순교해서 묻힌 곳 위에 성당을 세웠는데, 그 성당이 바로 성 베드로 성당이랍니다. 원래 있던 성당은 5세기경 게르만족이 쳐들어와서 박살을 낸 후 오랫동안 폐허 상태로 내버려 두었어요. 그것을 1503년 교황 율리우스 2세Pope Julius II가 "성당이 바로 서야 교회가 바로 서고, 교회가 바로 서야 교황이 바로 선다" 라는 주장에 따라 대대적인 재건축을 시작했습니다.

　문제는 돈이 없었다는 겁니다. 교황은 또다시 그 문제의 '면죄부'를 팔기 시작했어요. 이번엔 돈 없는 농부들에게도 다 팔아 버립니다. "너희들 면죄부 안 사면 지옥 간다"란 협박까지 하면서요. 힘없고 순진한 농부들은 성직자들의 협박에 단지 지옥에 가기 싫어서 없는 돈 다 긁어모아 면죄부를 샀어요. 그 농부들의 고혈로 만들어진 것이 지금 바티칸 가운데 우뚝 솟아 있는 성 베드로 성당입니다.

이런 교회의 행동들은 르네상스 운동으로 인해 비판적 사고를 하기 시작한 지식인들의 반발을 샀어요. 그중 대표적인 것이 독일의 비텐베르크 대학의 신학자였던 마틴 루터Martin Luther란 사람이었어요. 마틴 루터는 1517년, 자신의 대학 정문 등에 교황과 교회를 처절하게 비판한 '96개조 반박문'이란 대자보를 만들어 붙였습니다. 마틴 루터는 금속 활자를 이용해 독일어로 대량 인쇄를 해서 대자보를 자기 동네뿐 아니라 독일 전역에 가져다 뿌렸어요.

교황은 마틴 루터의 영향력을 무시할 수 없어서 일단 "회개하고 네가 한 말 취소해라"라고 요구합니다. 루터는 콧방귀도 안 뀌고 더욱 격렬하게 교황에 저항했어요. 결국 교황은 신학자 마틴 루터를 '파문' 시킵니다. 파문이란 것은 엄청나게 무거운 형벌이었어요. '기독교 사회에서 너를 쫓아내 버린다'란 뜻이었기 때문입니다. 즉, '너는 이제 무조건 지옥 간다'는 선언이었어요. 파문당한 마틴 루터는 교황이 그러든가 말든가 계속 교황의 비판을 이어갔어요. 이제 교회로부터 파문까지 당한 루터, 선언을 합니다. "이제 가톨릭 따위는 죽었다. 난 이제부터 새로운 교회를 만들겠다"라고요. 그래서 만든 것이 '저항의 교회'란 뜻의 '프로테스탄트교Protestantism, 개신교'였습니다.

독일에 마틴 루터가 있었다면 프랑스에선 장 칼뱅Jean Calvin이란

사람이 등장합니다. 칼뱅은 당시 가톨릭을 믿던 프랑스 왕을 피해 스위스로 피신한 후 새로운 개혁 종교 이론을 만들었어요. 칼뱅은 주장합니다. "오로지 성경에 나온 말씀만 믿어야 한다. 교황도 사람이다. 교황 말 믿을 필요 없다. 성서에서 예수님이 하신 말씀만 믿어라"란 주장을요. 그리고 "본업을 충실히 한다면 그 직업이 무엇이든지 의미가 있다"라고 말했어요. 이게 당시 유럽 사회, 특히 프랑스에 엄청난 파장을 일으킵니다. 중세 유럽에선 돈 버는 것을 죄악시했거든요. 그런데 칼뱅은 돈을 버는 것도 열심히만 하면 의미가 있다는 주장을 한 겁니다. 당시 몰래 숨어서 쉬쉬 돈을 벌던 상인들은 칼뱅의 주장에 열광합니다.

칼뱅은 또 종교 개혁에 아주 중요한 정책을 펼쳐요. 바로 '장로제도'였습니다. 맞아요. 우리 주변의 장로교회의 그 장로 말입니다. 장로가 무슨 뜻이냐고요? 말 그대로 '동네 어르신' 장로입니다. 칼뱅은 주장했어요. "교황 한 사람의 일방적인 명을 받을 필요 없다. 교회를 만드는 데 교황청의 허락을 받을 필요 없다. 그냥 동네에서 몇 명만 모여도 장로 어르신이 교회를 잘 이끌어 나간다면 그것으로 충분하다"라고요. 이것이 바로 장로교회의 시작이었습니다. 이 장로교회는 각 국에서 다른 이름으로 발전해 나갑니다. 영국에선 청교도, 스코틀랜드에선 장로회, 그리고 프랑스에선 '위그노Huguenot'란 이름으로요. 위그노!

위그노, 프랑스에서 가톨릭과 충돌하다

칼뱅의 장로교회에서 영향을 받은 프랑스의 위그노. 일단 위그노는 '동맹자'란 뜻이에요. 위그노, 그러니까 프랑스 개신교는 특히 상인들 사이에서 급속도로 세를 불려 나갔어요. 당시 프랑스 왕은 프랑수아 1세Francis I란 사람이었는데 이탈리아 르네상스 문화에 푹 빠졌던 사람이랍니다. 특히 레오나르도 다빈치에게 반해 아예 프랑스로 초대해서 '예술과 철학에 대한 조언'까지 구했을 정도였어요. 하지만 안타깝게도 르네상스의 문화만 사랑했지 가톨릭에 대한 비판까지는 수용할 수 없었어요. 위그노들이 프랑스에서 가톨릭에 대한 비판을 높여가자, 프랑수와 1세는 격분하며 본보기로 위그노 수십 명을 체포해 화형시켜 버렸어요. 앞으로 무려 36년간 계속될 '위그노 전쟁', 구교 가톨릭과 신교 위그노 간의 처절한 전쟁의 서막이었던 것이죠.

국가의 탄압을 받던 위그노들은 프랑스 남서쪽, 스페인과 국경을 맞대는 곳에 위치한 '나바라 왕국Kingdom of Navarre'에 몰려가 프랑스 중앙 정부와 대결을 시작했어요. 당시 나바라 왕국의 국왕과 대부분의 국민들이 위그노, 즉 개신교를 믿는 상태였기 때문입니다. 이런 긴장감 가운데 1547년, 신구교 갈등의 빌미를 제공했던 프랑수아 1세가 사망하고 그의 아들인 앙리 2세Henri II가 즉위했어요. 그런데 앙리 2세는 아버지보다 더 심하게 위그노 개신교를 탄압했답니다. 아마 이 왕이 오래 살았다면 프랑스의 개신교 신자들은 다 화형을 당해 죽었을 겁니다. 그러나 앙리 2세는 1559년 자기 딸 결혼식 피로연 때 마상 결투(말을 타고 하는 결투)를 벌이다 사고로 그만 죽고 말았어요.

자, 여기서부터 중요합니다. 앙리 2세는 이탈리아 여인과 결혼했어요. 왕비는 '카트린 드 메디치Catherine de Médicis'라 불리던 여인이었습니다. 프랑스어에서 드de가 붙으면 영어로 'of'가 되는 것 아시죠? 카트린 드 메디치는 '메디치의 카트린'이란 뜻인데, 그럼 이 메디치는 뭐냐? 꽁치와 멸치와 같은 생선이냐? 아닙니다. '메디치'는

카트린 드 메디치의 초상, 작자 미상,
1555년경, 빅토리아 앨버트 박물관

앙리2세와 몽고메리의 마상 결투, 작자 미상, 16세기

한 가문의 이름이랍니다. 당시 이탈리아 도시 국가 중 하나였던 피렌체에서 가장 돈이 많았던 금융 가문이었어요. 은행업을 했거든요. 앙리 2세는 돈을 보고 이탈리아 재벌 딸이랑 결혼한 것이었습니다. 카트린이 이탈리아에서 프랑스로 시집왔을 때 프랑스 귀족들이 '천한 이탈리아 장사꾼의 딸'이라고 엄청 무시했다고 해요. 카트린은 그 수모를 꾹 참으며 열심히 남편 앙리 2세와 사랑(?)을 해서 많은 자녀들을 생산했어요. 이 카트린이란 여인 꼭 기억하세요. 프랑스 역사에 이 여인보다 큰 영향을 미친 여인도 드물답니다.

왕이었던 앙리 2세가 사고로 죽자 첫째 아들인 프랑수아 2세Francis II가 다음 왕 자리에 올라갔는데, 그때 나이가 겨우 15살이었어요. 나라를 다스리기엔 나이가 너무 어렸지요. 그래서 엄마가 대신 국정

<바시의 대학살>, 프란스 호겐버그, 16세기 말

운영을 시작합니다. 이탈리아에서 시집온 카트린 드 메디치가 프랑스를 통치하기 시작했어요. 그런데 이게 웬일, 프랑수아 2세가 1년도 안 되어서 그냥 죽었어요. 그래서 카트린의 둘째 아들인 샤를 9세^{Charles} ^{IX}가 형에 이어 왕이 됩니다. 그의 나이 겨우 10살. 이번에도 엄마인 카트린이 아들 대신 국정 운영을 하게 돼요. 가톨릭 신자였던 카트린이었지만 프랑스에서 당장 급한 일은 신구교 갈등을 멈추는 일이란 걸 알았어요. 그래서 아들 샤를 9세가 왕이 되자마자 처음 한 일이 바로 '신교도들이 떳떳하게 예배를 볼 수 있게' 허용을 한 겁니다.

그런데 이런 신구교 통합 움직임에 불만을 크게 가진 이가 있었어요. 프랑스 최고 귀족이자 골수 가톨릭 신자였던 '기즈Guise'란 인물이었습니다. 그는 '아니, 이단들이 합법적으로 예배를 하게 허용한다고? 이게 말이 된단 말인가?' 하고 불만을 가지다가, 결국 1562년 파리 근교의 바시Vassy란 마을에서 예배를 올리던 위그노들을 자신의 병사와 함께 급습해서 몰살시켜 버립니다! 이것이 역사에 기록된 '바시의 대학살Massacre of Vassy'인데, 이 사건이 바로 악명 높은 프랑스 신구교도 간의 전쟁, 위그노 전쟁의 공식적인 시작이었습니다. 신교도들이 구교도(가톨릭) 신자인 기즈에게 몰살당했다는 소식을 들은 신교도 위그노들은 똑같은 복수전에 나섭니다. 기즈를 비롯한 가톨릭 신자들도 거기에 맞서면서 본격적인 프랑스 종교 내전이 시작됩니다.

📹 공주 마르그리트의 등장

앙리 2세와 카트린 드 메디치 사이에 막내 공주가 한 명 있었어요. 지금 소개해 드리려 하는 영화 〈여왕 마고〉의 주인공인 마르그리트 공주Marguerite de Valois였습니다. 기록에 따르면 어려서부터 정말 예쁘고 똑똑했다고 합니다. 오빠들의 사랑도 독차지했는데 오빠들도 여동생이 너무 예뻐서 마르그리트라 부

마르그리트의 어린 시절 초상화,
프랑수아 클루에, 1560

르지 않고 애칭으로 '마고Magot'라 불렸다고 해요.

하여간 이 마고의 혼기가 차오르자 어머니 카트린 드 메디치는 '미래 사윗감'을 누구로 할까 고민했어요. 그러다 '그래, 지금 프랑스에서 제일 중요한 건 신구교 종교 갈등의 봉합이야. 내 딸 마고를 개신교 위그노와 결혼시키자'는 혁명적인 생각을 합니다! '실질적 개신교 위그노 왕국'이 된 나바라 왕국의 개신교도 왕자와 혼사를 추진하기 시작한 겁니다. 나바라 왕국 측에서도 '오케이'를 했어요. 서로 윈윈할 수 있는 조건이었기 때문입니다. 카트린은 '국가 대통합과 안정'이란 결과를 얻을 수 있었고, 나바라 왕국 또한 '막강한 프랑스 왕실과 사돈이 되는 건 남는 장사'였기에 결심을 한 것이지요.

문제는 결혼 당사자인 카트린 드 메디치의 막내딸, 그러니까 프랑스 현직 왕 샤를 9세의 막내 여동생 마고가 이 결혼에 불만이 가득했다는 겁니다. 일단 결혼 상대편, 즉 미래의 남편이 될 '엔리케Henrike'라는 나바라 왕국의 젊은 왕이 너무 못생겼었다고 해요. 게다가 자기는 가톨릭인데 이 못생긴 왕자는 신교도, 위그노였으니 '이 결혼 반댈세'란 말이 절로 나왔겠지요. 하지만 '국정 안정!'을 외쳤던 엄마 카트린과 국왕인 오빠 샤를 9세의 압박에 결국 마지못해 결혼을 승낙하고 맙니다.

자, 이제 가톨릭의 프랑스 왕실과 개신교의 나바라 왕실이 결혼에 합의했어요. 프랑스 역사상 가장 중요한 결혼식 카운트다운에 들어갑니다. 결혼을 몇 달 앞두고 나바라 왕국 엔리케 왕의 엄마가 파리를 찾아와요. '미래 사돈댁'에게 인사도 드릴 겸, 그리고 결혼 후 두 부부의 종교를 무엇으로 정할지 논의하기 위해서였어요. 그런데 나바라 왕의 엄마가 파리를 방문하고 있던 동안 의문의 죽음을 당합니다! 나바라 왕국에선 왕 엄마가 가톨릭에 의해 파리에서 독살됐다는 소문이 급속도로 퍼졌어요. 결혼은 위기를 맞습니다. 그러나 '철저하게 계산된' 정략결혼이었던 만큼 결혼은 예정대로 추진됩니다.

🎥 <u>마르그리트와 엔리케의 '피의 결혼식', 대학살의 시작이 되다</u>

드디어 1572년 8월 18일 결혼식 당일. '새신랑' 나바라 왕국의 엔리케 왕은 호위무사 800명과 함께 상복을 입고 파리 노트르담 대성당으로 들어옵니다. '너희들이 우리 엄마 죽였잖아'란 항의의 표시로 상복을 입고 들어온 겁니다. 벌써 분위기 이상하게 돌아갑니다. 그리고 '새색시' 마고 또한 결혼식에 비협조적인 자세를 이어갑니다. 주례를 맡은 추기경이

엔리케와 마고의 초상화, 작자 미상, 1572

"이 남자를 네 남편으로 받아들이냐?"란 질문을 했을 때 대답도 안 하고 고개를 뻣뻣하게 들고 있었대요. 그런 모습에 당황한 오빠 샤를 9세가 달려가서 강제로 고개를 눌러 버렸다고 합니다. 이 '두 이교들의 이상한 결혼', 앞으로 프랑스에 닥칠 엄청난 파문의 징조를 팍팍 보

파리 노트르담 대성당의 마르그리트와 엔리케의 결혼식, 작자 미상, 19세기 판화

여줬어요.

긴장 속에 결혼식이 진행되는 중, 어디서 총탄이 하나 '탕' 날아
듭니다! 나바라 왕국에서 온 하객 중 '콜리니Coligny'라는 장군을 노린
것으로 추정되었어요. 다행히 총탄은 콜리니 장군의 팔만 스쳐 지나
갔답니다. 격분한 콜리니 장군은 부하들을 시켜 범인을 추격했어요.
그런데 용의자가 숨어들어 간 곳이 바로 개신교를 극도로 증오하고
이번 결혼을 도시락 싸 들고 다니며 반대했던, 골수 가톨릭 신자이자
프랑스 최고 귀족 기즈의 저택 쪽이 아니겠습니까? 콜리니 측은 즉각
기즈 측에 항의했고, 기즈는 "이런 건방진 개신교 마귀들이 감히 날

겁박해?”라며 격분했습니다. 그리고 기즈는 “개신교들 그냥 놔두면 안 되겠어”라는 결심까지 하게 되었죠.

세기의 결혼식이 끝나고 며칠 후, 1572년 8월 24일. ‘개신교도 제거’를 결심한 기즈와 강경 가톨릭 신자들은 자기를 찾아와 ‘건방진 항의’를 했던 콜리니 장군을 무참히 죽여 버립니다. 그리고 그것이 신호탄이 되어 파리 시내에 있는 모든 개신교도, 위그노들을 눈에 보이는 대로 ‘사냥’하기 시작했어요. 그동안 위그노들에게 불만이 쌓여 있던 파리 시민들도 광란의 대학살에 개입했습니다. 앞에서 말씀드린 것과 같이 대부분의 위그노들은 돈을 버는 것을 업으로 하는 상인들이었어요. ‘위그노 vs 가톨릭’ 대결이 어쩌다 보니 ‘있는 자 vs 없는 자’의 질투와 대결 구도가 되어 버린 겁니다. 대부분이 가톨릭 신자였던 파리 시민들은 “저, 돈 좀 있다고 거들먹거리는 위그노를 죽이자!”라고 외쳤어요.

이날이 하필이면 예수님의 열두 제자 중 한 명이었던 성 바르텔미를 기리는 가톨릭 축일인 ‘성 바르텔미 축일’이었어요. 그래서 역사는 이날의 대학살을 ‘성 바르텔미 축일의 대학살Massacre de la Saint-Barthé-lemy’이라고 기억합니다. 무려 3만 명의 위그노들이 파리 시내에서 학살당했어요. 단지 개신교도란 이유로 어린아이들까지 학살당했습니다. 그런데 이런 대학살에 대한 보고를 들은 당시 가톨릭의 수장 그레고리 13세는 무슨 소리를 했는지 아세요? “이날은 기쁜 날이니 축일로 감사의 미사를 올리자”라는 정신 나간 소리를 했답니다. 또한 이 대학살을 기념하는 기념주화를 만들라 지시하고 바티칸에서는 이를

- <성 바르텔미 축일의 대학살>, 프랑수아 뒤부아, 1572-1584
- <루브르 문 앞의 어느 아침>, 에두아르 퐁상, 1880
  성 바르텔미 축일의 대학살로 희생된 위그노 신자들을 바라보는 카트린 드 메디치

축하하는 축포까지 쏘는 등 잔치 분위기였다고 해요. 몇백 년이 흐른 1997년에 당시 교황 요한 바오로 2세가 '성 바르텔미 축일의 대학살'에 대해 가톨릭의 책임을 인정하고 용서를 구했습니다.

🎥 엔리케, 프랑스의 왕으로 즉위하다

    사실 이번 대학살에서 제일 처음 죽임을 당해야 할 사람은 위그노의 지도자이자 새신랑 엔리케였어요. 그렇잖아요. 그러나 그놈의 부부가 뭔지. 그래도 자기 남편이라고 카트린의 딸, 새색시 마고가 자기 남편 '쉴드'를 쳐 줬어요. "내가 가톨릭으로 개종을 설득해 볼 테니 죽이지는 말아다오"라고 읍소를 하면서요. 남편인 엔리케는 강제로 가톨릭으로 개종당합니다. 그리고 무려 3년 동안 파리 시내에 사실상 감금당해요. 그런데 이 모든 걸 힘없이 보고만 있던 프랑스 왕 샤를 9세는 대학살의 참상을 눈으로 보고 그만 미쳐 버립니다. 그렇게 시름시름 앓다가 대학살 2년 후인 1574년에 요절하고 맙니다.

    사실상 섭정을 하고 있던 카트린은 세 번째 아들을 왕 자리에 앉히는데 그가 프랑스 왕 '앙리 3세Henri III'였습니다. 즉, 카트린은 자기 아들 3명을 다 왕으로 만든 여인이 된 것입니다. 그런데 문제는 이 앙리 3세가 왕이 되자마자 '왕이 된 김에 뽕이나 뽑아 볼까?'라고 생각한 겁니다. 흥청망청 돈을 있는 대로 쓰고 사치란 사치는 다 부리기 시작했어요. 이런 모습에 '대실망' 한 엄마 카트린과 마고. 특히 마고는 오빠를 나그치기 시작했어요. "오라버니, 너 정신 안 차릴래, 인마?"라고 대들면서요. 이렇게 현직 왕인 오빠 앙리 3세와 여동생 마고의 싸움 속 난리 통을 틈타 파리에 감금되어 있던 엔리케가 탈출에 성공합니다. 무려 3년 6개월 만의 탈출이었어요. 그리고 자신의 본거지인 나바라 왕국으로 돌아가 다시 개신교로 개종합니다.

여기서 후계자 문제가 생겼어요. 앙리 3세는 후사가 없었습니다. 다음 왕 자리를 걱정한 카트린은 마고에게 "너 남편이 있는 나바라로 가서 남편과 재결합하고 아들 좀 낳아서 와"라는 이상한 명을 내립니다. 자기 딸 마고가 낳을 아들을 다음 프랑스 왕으로 삼으려는 생각이었어요. 어머니의 명에 따라 마고는 나바라로 가서 남편을 만났어요. 얼마나 서먹서먹했을까요. 그렇게 무려 4년 동안 '아들 생산 프로젝트'에 들어갔지만 결과는 실패였습니다. 실망한 마고는 이런 생각을 합니다. '차라리 우리 오빠 앙리 3세를 설득하자. 그리고 남편을 용서해 달라고 하고, 다음 왕을 내 남편 엔리케로 하는 건 어떨까'라는 생각을요. 그런 소리를 들은 앙리 3세는 이런 말을 합니다. "우리 예쁜 여동생이 아주 형이상학적으로 곱게 미쳤구나"라고요. 당연히 받아줄 수 없는 요구였죠.

그런데 그런 와중에 변수가 등장합니다. 한 극단주의자가 앙리 3세를 암살한 겁니다. 후사가 없이 죽게 생긴 앙리 3세, 마지막으로 이런 유언을 남겨요. "생판 모르는 남에게 왕위가 넘어갈 바엔 여동생 남편인 엔리케에게 왕위를 넘긴다"라고요. 얼떨결에 다음 프랑스 왕

<1594년 3월 22일 앙리 4세의 파리 입성>, 프랑수아 제라르, 19세기

위를 잇게 된 엔리케는 나바라를 떠나 파리로 들어오려고 했어요. 하지만 파리 시내의 강경 가톨릭 시민들은 파리 성문을 결코 열어 주지 않습니다. 이교도 왕을 받아들일 수 없다는 각오였지요. 그렇게 무려 4년 동안 파리 공방전을 벌여요. 그러나 엔리케는 무력으로 파리 성문을 무너뜨리지 않았습니다. 모든 인심을 잃어버릴 것을 우려한 것이죠. 그러다 어느 날 엔리케는 파리 시내를 그윽이 바라보며 이런 명언을 해요. "이 멋진 파리라는 도시는 개종을 해서라도 가지고 싶은 도시다." 그리고 바로 가톨릭으로 개종합니다. 엔리케의 개종 소식을 들은 파리 시민들은 그제야 파리 성문을 열어 줍니다.

<앙리 4세의 초상화>, 프란스 푸르부스 2세, 18세기 추정

파리 시민들의 인정을 받으며 새로운 프랑스의 왕인 된 엔리케. 그가 바로 프랑스 역사상 종교 통합을 이뤄낸 통합의 국왕 '앙리 4세 Henri IV'였습니다. 앙리 4세가 왕이 되자마자 한 것은 바로 종교 통합. 1598년, 프랑스 낭트에서 발표를 합니다. "앞으로 프랑스 내에선 신교건 구교건 모든 종교를 다 허용한다. 그리고 종교로 인해 그 누구도 차별하지 않는다"라는 선언을요. 이것이 우리가 세계사 시간에 배웠던 앙리 4세의 '낭트 칙령Edict of Nantes'이랍니다. 이 낭트 칙령이 발표되면서 무려 37년 동안 진행 됐던 프랑스 종교 내전인 '위그노 전쟁'이 공식 적으로 끝이 납니다.

낭트 칙령, 앙리 4세, 1598

📽️ 프랑스의 통합을 선택한 앙리 4세

앙리 4세는 전쟁으로 폐허가 된 프랑스 재건에 나섰습니다. 제일 먼저 한 것이 농민 세금 감면이었어요. '농민이 잘 살아야지 나라가 잘 산다'란 생각에요. 그리고 공언했어요. " 적어도 일요일엔 농부 가족 식탁에 닭 한 마리씩은 올라가게 만들어 주겠다!"라고요. 그리고 몇 년 후에 그 공약이 실현됩니다. 닭고기를 와인에 쪄서 먹는 '코코뱅Coq au vin, 코코는 닭, 뱅은 와인이란 뜻'이란 음식도 그때 등장한 거랍

와인에 닭고기를 쪄서 먹는 프랑스 음식 '코코뱅'

니다. 그리고 그 이후로 '수닭'이 프랑스의 상징이 되어요. 이상하지 않았어요? 호랑이, 사자 등 멋진 동물도 많은데 왜 하필 수닭이 프랑스의 상징이 되었는지요?

37년 동안 프랑스를 폐허로 만들어 버렸던 위그노 전쟁은 어찌 보면 중세 시대에서 르네상스 시대를 거쳐 근대 사회로 나아가기 위한 통과의례, 성장통과 같은 사건이었습니다. 개혁이 혁명으로 이어지는 과정에서는 반드시 개혁 세력과 구세력(앙시앵 레짐ancien régime)과의 충돌이 필연적으로 발생해 왔습니다. 무려 700년 동안 프랑스를 지배해 왔던 가톨릭과 그에 대항하는 위그노의 충돌도 필연적이었죠. 이런 역사적 충돌 과정에서 대결을 부추기느냐, 아니면 대통합을 추구하느냐에 따라 그 사회의 운명도 같이 결정됩니다. 남북전쟁 후 갈라진 남과 북을 하나로 통합시키기 위해 목숨까지 던진 링컨이 그래서 미국에선 영웅으로 추앙받는 이유입니다.

앙리 4세가 '위대한 프랑스 대왕'으로 오늘날 프랑스인들의 존경을 받는 이유도 마찬가지입니다. 가톨릭으로부터 그 혹독한 감금, 모욕, 살해 협박까지 당했고, 심지어 가톨릭 세력에 의해 어머니까지 잃는 아픔을 겪었음에도, 결국 복수 대신 대통합을 선택했기 때문입니다. 앙리 4세는 정식 국왕으로 즉위한 후 프랑스의 빠른 재건을 위해 강력한 토지 개혁 등 개혁 정책을 추진했으며 또 강력한 정책 추진

퐁네프 다리의 앙리 4세 동상

을 위해 왕권 강화에 힘썼습니다. 앙리 4세의 노력 덕분에 태양왕 루이 14세를 포함한 그의 자손들은 '강력한 프랑스 왕국의 전성기'를 만들 수 있었습니다. 〈영화 마고〉는 이런 프랑스의 '중세에서 근대'로 넘어가는 혼돈의 과도기를 아주 심도 있게 그린 명작이랍니다. 프랑스 역사에 관심 있으신 분들이라면 꼭 한번 보세요. 그리고 파리를 방문하시면 프랑스인들이 '파리의 상징'으로 여기는 '퐁네프 다리Pont Neuf'란 곳이 있거든요? 그 다리 위에 한 아저씨가 말을 타고 있는 동상이 있는데 그 주인공이 바로 앙리 4세예요. 신혼여행을 파리로 가신다면 그 동상의 주인공이 누구인지 사랑스럽게 설명해주세요. 멋진 허니문이 되지 않을까요?

참, 앙리 4세의 부인인 마고는 그 후 어찌 되었냐고요? 앙리 4세

즉위 이후에도 계속 바람을 피우다 결국 이혼당합니다. 그런데도 전직 왕비 내우를 받으며 천수가 다할 때까지 당당하게 바람을 피우다 생을 마감합니다. 그리고 마고가 죽은 후 자서전에선 충격적인 내용이 발견되어요. 그녀의 친오빠인 샤를 9세, 앙리 3세 등과 근친 연애를 했다는 내용이었죠. 이상, 〈영화 마고〉였습니다.

SYNOPSIS

오토바이를 타고 남미 여행을 떠났으나, 불균형한 세상을 마주하고 혁명가로 거듭나는 체 게바라의 인생을 그린 영화 〈모터사이클 다이어리〉. 아르헨티나의 의대생이던 체 게바라는 어떻게 쿠바의 영웅이 되었을까? 혁명가 체 게바라의 인생을 따라 떠나는 여행!

모터사이클 다이어리

The Motorcycle Diaries, 2004

감독	월터 살레스
주연	가엘 가르시아 베르날, 로드리고 드 라 세르나

프랑스의 실존주의 철학자 장 폴 사르트르
가 한 인물에 대해 이런 평을 했었습니다.
'20세기의 가장 완벽한 인간'이라고요. 그
인물이 누구일까요? 바로 쿠바 혁명의 아
버지 '체 게바라Che Guevara'였습니다. 우리나
라도 한때 체 게바라의 얼굴이 프린트된
티셔츠를 입고 다니는 것이 유행했었고,
'빨간색' 표지의 체 게바라 평전을 읽지도

체 게바라, 1960년 3월 5일에
찍은 사진 원본

않으면서 옆에 끼고 다녔던 적이 있었어요. 그런데 정작 누가 "야, 네
티셔츠에 있는 그 사람 누군데?"라고 질문하면 "수염 난 잘생긴 외국
인"이라고 얼렁뚱땅 대답을 회피할 정도로 그에 대해 잘 몰랐습니다.

쿠바 수도 아바나 내무성 건물 벽면의 체 게바라

체 게바라는 정말 멋진 사람이었습니다. 지금도 쿠바 수도 아바나에 가면 내무성 건물 벽에 체 게바라의 얼굴이 크게 걸려 있어요. 그 밑에 그가 남긴 수많은 명언 중 하나인 "Hasta la Victoria Siempre!(영원한 승리의 그날까지!)"가 찾는 이에게 감동을 줍니다. 그런데 그거 아세요? 체 게바라는 쿠바 사람이 아니었습니다. 아르헨티나의 의사 출신이었어요. 왜 아르헨티나의 의사가 쿠바 혁명의 아버지가 되었고 지금도 쿠바의 영웅으로 추앙받고 있는지 궁금하지 않으세요?

2004년도에 개봉한 영화 〈모터사이클 다이어리〉는 아르헨티나의 젊은 의대생이었던 체 게바라가 오토바이 한 대를 타고 8개월간 라틴아메리카 대륙을 누비고 다니며, 당시 라틴아메리카가 처해 있던 부당한 현실, 핍박받는 현지 원주민, 제국주의로 변한 미국의 남미 경제 식민지화에 분노하며 점점 혁명의 길로 걷게 되는 과정을 그린 영화입니다. 체 게바라를 과장하지도 폄하하지도 않고 마치 그에 대한 다큐멘터리같이 담담하게 그의 성장 과정을 그렸어요. 그래서 영화 제목도 〈모터사이클 다이어리〉랍니다. 자, 이 영화를 통해 의대생 체 게바라가 어떤 과정을 거쳐 혁명가가 되는지 알아볼까요? 우리 같이 오토바이 시동 걸어요.

미국의 대서양 진출에 필요했던 쿠바

쿠바의 위치를 지도에서 좀 보실까요? 미국 플로리다 밑에 위치하고 있지요. 거리는 불과 165킬로미터밖에 안 떨어져 있어요. 서울에서 충청도 정도 거리지요. 1865년 미국 남북전쟁이 끝나고 서부 개척이 마무리된 후 미국은 본격적으로 대양 밖으로 뻗어 나가며 '제국'이 되기로 결정합니다. 아시죠? '제국'은 남의 나라를 침략해서 자원과 시장을 빼앗는 나쁜 국가를 뜻한다는 것을요. 먼저 서쪽으로 뻗어 나가 태평양까지 도착한 미국은 태평양 한가운데 있는 하와이를 1897년에 '평화롭게' 합병해요.

태평양 쪽이 정리되었으니 이제 동쪽 대서양을 정리할 시간이 되었습니다. 그런데 문제가 생겼어요. 대서양 진출을 하기 위해선 반

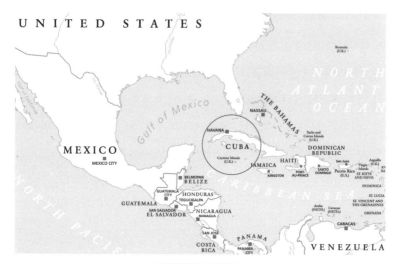

쿠바의 위치를 표시한 지도

드시 카리브해에 위치한 커다란 섬 쿠바를 차지해야 하는데, 쿠바가 당시 스페인 식민지였단 말입니다. 미국 정부는 일단 스페인에게 쿠바를 팔라고 제안합니다. 1867년 러시아로부터 알래스카를 돈 주고 '평화롭게' 구입한 생각이 난 겁니다. 스페인은 즉각 거절해요. 왜? 쿠바는 온난한 기후 덕분에 사탕수수 농장 등 장사가 잘됐거든요. 돈벌이가 되는 쿠바를 스페인 입장에선 절대 팔 수가 없었지요. 미국은 '평화롭게' 쿠바를 접수할 수 없다면 무력으로 점령해 버릴까 하는 생각을 슬슬 하게 돼요. 미국은 자신 있었거든요. 이미 멕시코와의 전쟁으로 캘리포니아 등 멕시코 땅을 강제로 빼앗은 경험이 있었기 때문입니다.

이런 미국 정부의 움직임을 정말 개코와 같은 촉으로 읽은 인간들이 있었어요. 바로 뉴욕에서 신문사를 운영하던 윌리엄 허스트William Randolph Hearst와 조지프 퓰리처Joseph Pulitzer였습니다. 어? 저 '퓰리처'가 '퓰리처상'의 그 퓰리처입니까? 예, 맞습니다. 현재 '참된 언론인상'으로 유명한 퓰리처상의 퓰리처는 사실 인간적으로는 바람직한 이는 아니었어요. 하여간 허스트는 '뉴욕 저널New York Journal'이란 신문사를 가지고 있었고 퓰리처는 '뉴욕 월드New York World'란 신문사를 가지고 있었어요. 두 신문사는 신문 판매 부수를 올리는 일이라면 가짜 뉴스라도 터뜨리는 짓까지 하며 치열하게 경쟁했답니다.

두 신문사는 남북전쟁 당시 전쟁 속보로 짭짤한 돈을 벌며 '전쟁 관련 뉴스가 돈이 된다'는 걸 경험했어요. 당연히 새로운 전쟁을 원했겠지요. 그런 가운데 당시 미국 정부가 쿠바를 놓고 스페인과 한판 할까 하는 움직임을 보인다는 걸 알아 버린 겁니다. 두 신문사는 바로 '전쟁 분위기 조성'에 들어가요. '빨리 전쟁 나라'는 것이었죠. 당시 쿠바를 장악하고 있던 스페인 관리들이 얼마나 악마적으로 쿠바인들을 탄압하는지, 쿠바에 투자된 미국 자본을 스페인이 어떻게 눈독을 들이고 있는지, 연일 말도 안 되는 과장으로 보도합니다. 미국 정부는 이런 두 언론사에게 속으로 감사했을 겁니다. 쿠바를 놓고 스페인과 한판 붙고 싶은데 명분이 없었잖아요. 그런 와중에 두 언론사가 적극적으로 명분을 만들어 주니 말입니다.

이런 가운데 쿠바에서 농민 폭동이 일어났어요. 사실 미국은 이미 쿠바에 상당량의 돈을 투자한 상태였고 쿠바도 지리적으로 본국

- **조지프 퓰리처와 윌리엄 허스트 풍자 만화, 리언 배릿, 1898**
  미국과 스페인이 전쟁을 벌이도록 미국 여론을 부추기던 두 신문사를 풍자한 만화
- **잡지 저지Judge의 1897년 2월 2일자 사설 만화, 그랜트 해밀턴, 1897**
  미국 국민을 대표하는 컬럼비아가 쇠사슬에 묶인 아이 쿠바에게 손을 뻗고 있다. 아이 아래에는 "스페인의 방식"이라고 표시되어 있다. 미국 정부를 대표하는 엉클 샘은 눈가리개를 하고 있다.

스페인보다 엄청 가까운 미국과 대부분의 교역을 하고 있었거든요. 그 꼴이 보기 싫었던 스페인 정부가 쿠바에게 "야, 너희들 미국과 거래하지 말고 본국 스페인이랑 거래해!"라고 압박을 넣은 겁니다. 생각해 보세요. 가까운 미국에서 건너온 물건이 쌀까요, 아니면 저 멀리 대서양 건너 스페인에서 건너온 물건이 쌀까요? 당연히 미제가 더 쌌겠지요. 그걸 사지 말라고 하니, 쿠바 농민들이 들고일어난 겁니다.

아싸! 미국은 이 농민 반란을 기회로 봤어요. 바로 미 해군을 쿠바에 보냅니다. 쿠바 현지에 있는 미국인들을 보호한다는 명분이었죠. 미 해군 군함 '메인호USS Maine'가 쿠바 수도 아바나항에 입항하게 돼요. 그런데 1898년 2월 15일, 갑자기 알 수 없는 이유로 정박해 있던 메인호에 대폭발이 일어나 261명의 미 해군이 죽는 일이 발생합니다! 현재까지 메인호 폭발 배후가 누군지 정확히 밝혀진 바는 없어요. 하지만 미국 측의 조작이었다는 설이 아직까지 우세합니다. 누가 폭발을 일으켰든 간에 미국으로서는 놓칠 수 없는 절대적 명분이 생겼어요. "이 폭발은 스페인 정부가 사주한 것이다! 스페인을 용서할 수 없다! 공격!"이라 외치며 쿠바에서 스페인과 전쟁을 시작해요. 이것이 바로 '미-스페인 전쟁Spanish-American War'입니다.

이브닝 타임즈의 USS 메인호 침몰 관련 기사, 1898
워싱턴 D.C.의 이브닝 타임즈에 실린 기사.
"스페인에 의해 폭파되다, 메인호가
어뢰 공격을 당했다는 증거, 250명의 선원들이
상어밥이 되다"라는 내용이 실려 있다.

쿠바, 미국의 경제적 식민지가 되다

미-스페인 전쟁은 미국의 압도적인 승리로 끝이 났어요. 스페인이 패전하면서 아메리카 대륙에서 스페인의 영향력은 사라지게 됩니다. 이 동네의 새로운 강자가 누구인지를 보여 준 전쟁이었죠. 미국은 바로 쿠바를 접수했어요. 약 1년간의 군정을 실시하고 쿠바인들에게 정권을 넘겨줬는데 이미 쿠바 경제는 거의 100% 미국인에 의해 움직이던 상황이라, 미국은 곧이어 들어오는 쿠바 정권을 모두 친미 꼭두각시 정권으로 만들어 버립니다. 이런 식이었어요. A란 자가 미국에 잘 보인 후 집권하다가 B란 자가 등장해서 '제가 더욱 미국에 충성할 수 있습니다! 충성!' 하면 미국은 A를 날려 버리고 B에게 정권을 주는 식이었어요. 당연히 '누가 누가 더 미국에 충성하나' 경쟁이 되어 버립니다. 이런 경쟁의 마지막 승자는 1934년 미국이 밀어줘서 집권하게 된 '풀헨시오 바티스타Fulgencio Batista'란 인물이었어요.

바티스타는 쿠바를 '미국인들을 위한 향락의 파라다이스'로 만들어 버립니다. 미국에서(주로 마피아로부터) 대규모 투자를 받아 쿠바 전역에 각종 휴양지와 카지노들을 만들었어요. 쿠바 전국에 260개의 호화 호텔에 1,000개가 넘는 카지노가 만들어졌답니다. 이 당시 호화롭던 쿠바를 배경으로 한 영화가 꽤 많아요. 영화 〈대부〉, 〈아이리시맨〉 등이 대표적이죠. 그럼 그 호텔과 카지노의 고객은? 당연히 미국인들이었죠. 여기서 벌리는 돈들은 쿠바 국민들에겐 돌아가지 않고

1954년 쿠바 하바나의 슬럼가, 작자 미상
슬럼가 뒤쪽으로 카지노 간판이 보인다.

다 미국으로 빠져나갔어요. 당연하죠. 미국인들이 운영하는 호텔과
카지노였으니까요. 이제 쿠바는 미국에 충성하면서 재산을 늘려 나
가는 친미 집권층, 그리고 먹을 것이 없어 굶어 죽어 나가는 일반 쿠바
민중, 이렇게 나뉘게 됩니다. 이러면서 언제 굶어 죽어도 놀라울 것이
없던 일반 쿠바 민중들 사이에 '혁명의 움직임'이 생겨납니다.

아르헨티나 부잣집 아들로 태어난 게바라

　많은 이들이 '쿠바 혁명의 아버지' 체 게바라를 쿠바인으로 알고 계시는데 사실 아르헨티나 사람입니다. 체 게바라는 1928년에 아르헨티나의 건축가 아버지와 귀족 군인 가문 출신 어머니 사이에서 태어났어요. 금수저 중 금수저였지요. 여담인데 방송인 송해 선생님이 1927년생이시랍니다. 만일 두 분 다 살아 계셨다면 체 게바라가 송해 선생님께 형이라고 불러야 해요.

　체 게바라의 본명은 '에르네스토 게바라Ernesto Guevara'였어요. 왜 '체'라는 이름으로 불리게 됐는지는 조금 후에 말씀드릴게요. 어린 게바라는 몸은 건강했지만 선천적으로 문제가 하나 있었습니다. 바로 '만성 천식'을 가지고 있었어요. 게바라의 부모는 아픈 아들을 위해 도시를 떠나 산 좋고 물 좋은 지역으로 이사를 다녔습니다. 숲이 있는 산속으로 이사를 간 어린 게바라는 그곳에서 조금은 다른 모습의 피부가 검은 아이들을 보게 되었어요. 바로 원래 남미 대륙에 살던 원주민 인디오 아이들이었습니다.

　남미, 즉 라틴아메리카엔 원래부터 '인디오Indio'라고 불리는 원주민들이 고도의 문명을 만들고 잘 살고 있었어요. 사실 인디오라는 표현도 쓰지 말아야 해요. 스페인 정복자들이 남미를 인도India로 착각하면서 현지 원주민을 '인도 사람'이란 뜻의 인디오라고 부르기 시작한 것이니까요. 하여간 원주민들이 살고 있던 남미 지역을 스페인 정

가족과 함께 있는 에르네스토 게바라, 1941, 체 게바라 박물관

복자 에르난 코르테스Hernán Cortés가 1521년에 현재 멕시코 땅에 있던 아즈텍 문명을 무력으로 정복하기 시작하면서 스페인에 의한 남미 원주민들의 대학살이 시작되었습니다. 현재의 아르헨티나도 스페인의 식민지가 되었지요. 1816년, 아르헨티나가 본국 스페인으로부터 독립한 이후에도 원주민, 인디오들의 처지는 달라지지 않았습니다. 오히려 더 나빠졌어요. 아르헨티나를 건국한 스페인 혈통의 백인들은 '백인들만의 아르헨티나'를 만들기 위해 1850년, 인디오 대학살을 벌였어요. 결국 살기 위해서 수많은 인디오들이 아르헨티나의 산악 지대로 숨어 들어갔답니다.

이런 역사적 사실을 잘 몰랐던 어린 게바라는 숲속에서 만난 인디오 아이들과 거리낌 없이 친하게 지내려 했답니다. 오히려 당황한 건 인디오 아이들이었어요. '아니, 백인 아이가 왜 우리랑 놀려고 하지?'라는 생각을 했던 거죠. 게바라는 인디오 친구들을 집으로도 초대

스페인 정복자에게 학대당하는
멕시코 원주민,
16세기, 대영박물관

했는데 백인들이 사는 집에 처음 와 본 인디오 아이들은 그 화려함에 경악했어요. 자기들은 숲속 움막 방 한 칸에서 여러 식구가 이불도 없이 거의 '난민' 생활을 하고 있었기 때문이죠. 특히 달콤한 '사탕'이란 것을 게바라의 집에서 처음 먹어본 인디오 아이들은 자신들의 처지와 백인들의 삶에 괴리를 처음으로 느끼고 좌절했답니다. 소년 게바라도 이런 인디오 친구들을 돕기 위해 자기 집을 개방했습니다. 인디오 친구들이 언제든지 자기 집에 놀러 와서 자고 먹고 쉬게 해준 겁니다. 인디오 친구들은 그래서 게바라의 집을 '비베 코모 키에라스Vive Como Quieras', 즉 '원하는 대로 지낼 수 있는 곳'이라고 불렀답니다.

1943년, 게바라가 14살이 되던 해에 게바라의 가족은 다시 대도시로 이사를 가게 되었습니다. 인디오 친구들은 슬퍼하며 게바라에게 한 가지를 부탁했어요. 대학에 가면 꼭 건축을 전공해서 자기들과 같이 돈 없는 인디오들을 위해 저렴한 집들을 지어달라고요. 게바라는 꼭 그러겠다 약속하고 진짜로 대학 건축학과에 진학했답니다. 인디오 친구들과의 약속을 지키기 위해서요. 그런데 이런 게바라에게 시련이 찾아와요. 천식으로 고생하는 어린 손자를 위해 정성을 다해 돌봐 주셨던 할머니가 갑자기 돌아가신 겁니다. 그때 게바라는 처음으로 세상을 원망했다고 합니다. 그리고 결심했어요. 자기를 지긋지긋하게 괴롭히는 만성 천식, 그리고 할머니를 돌아가시게 한 질병, 이

것을 정복해야겠다는 결심을요. 그리고 바로 전공을 바꿔 의대로 진학합니다.

1947년, 부에노스아이레스 의대에 진학한 게바라는 '정말로 사람을 치료하는 의사가 되자'란 마음으로 열심히 공부했어요. 그리고 틈나는 대로 대가를 받지 않고 빈민촌과 나병 환자촌을 찾아 의료 봉사도 꾸준하게 했답니다. 특히 나병으로 사회에서 멸시당하고 육체적, 정신적으로 고통받는 나병 환자를 보면서 기껏 천식으로 세상을 원망했던 자신에 대해 부끄러움을 느꼈어요.

🎥 오토바이 한 대로 남미를 여행하다

게바라는 의대에서 의학 공부를 하면서 미래 자신의 운명을 바꿔 놓을 한 사람을 만나게 됩니다. 같이 의학 공부를 하던 알베르토 그라나도Alberto Granado란 선배였어요. 서로 호형호제하며 지내던 그들은 1951년에 한 가지 계획을 세웠어요. 방학을 맞아 오토바이를 타고 남미 곳곳을 여행하는 계획을요. 남미 대륙을 돌아다니며 역사 유적지도 찾아보고 견문을 넓혀 보자는 취지였죠. 그들은 '포데로사Poderosa, 힘센 녀석'란 이름의 오토바이를 타고 아르헨티나를 출발합니다. 그리고 8개월 동안 남미 곳곳을 돌아다니며 그들의 운명을 바꿔 놓을 여행을 시작해요. 그 여정을 그린 영화가 〈모터사이클 다이어리〉랍

라 포데로사에 시동을 거는 체 게바라(왼쪽), 1952

니다.

　그들은 국경을 넘어 먼저 칠레로 들어가는데, 우연히 칠레에 있던 세계 최대의 구리 광산 '추키카마타 광산Chuquicamata'에 들르게 됩니다. 그 광산은 전 세계 구리의 30%를 생산하던 말 그대로 세계 최대의 구리 광산이었어요. 그곳에서 그들은 충격적인 장면을 목격했어요. 조금이라도 시간을 아끼기 위해 예보도 없이 시도 때도 없이 터뜨리는 다이너마이트, 형편없는 광산 노동자들의 숙소, 터무니없는 임금 수준, 그리고 엄청난 규모의 공동묘지를 본 겁니다. 열악한 환경에서 탄광 일을 하다 죽어 간 노동자들의 묘지였죠. 그리고 가장 충격적인 사실을 알게 됩니다. 그 엄청난 광산의 주인이 칠레가 아니라 미국 기업이란 것, 그리고 수많은 칠레 노동자들이 목숨을 걸고 캐낸 구리를 판 돈이 모두 미국으로 흘러간다는 것을요.

그들은 '미국의 경제 식민지가 되어 버린 라틴 아메리카를 더욱 알아보자'고 결심합니다. 그렇게 1953년, 과테말라로 넘어가요. 과테말라도 다른 모든 남미 국가들과 마찬가지로 1821년에 스페인으로부터 독립했어요. 하지만 스페인은 남미 식민지를 건설할 때부터 '식민지에 인프라 건설을 하지 않는다'는 정책을 고집했습니다. 왜? 인프라(도로, 항만, 철도 등)를 건설하면 식민지가 잘 살게 될 것이고, 그러면 그들이 들고일어나 독립을 요구할 가능성이 있기 때문이었죠. 과테말라는 특히 최악의 인프라 상황이었답니다.

여기에 미국이 슬쩍 들어온 것이죠. '우리 미국이 과테말라에 투자해서 인프라 건설을 해줄 테니 경제 개발권을 달라'는 요구를 하면

칠레 추키카마타 구리 광산의 모습

서요. 그 이후 시나리오는 뻔합니다. 과테말라에 빨대를 꽂은 미국은 알차게 돈을 쭉쭉 빨아 나갔어요. 당연히 과테말라 국민들은 이런 말도 안 되는 상황에 격분했습니다. 1950년에 "미국으로부터 경제적으로 독립하자!"고 외치며 선거에 출마한 '아르벤스Jacobo Árbenz'란 인물이 대통령에 당선되었답니다. 그러자 미국은 '이것들이 미쳤나? 본때를 보여주겠어!'라며 군부를 부추겨 '친미 군사 쿠데타'까지 일으켜 버려요. 미국에게 찍히면 국민이 뽑은 정권까지도 날아가 버리는 이 말도 안 되는 모든 과정을 게바라는 과테말라 현지에서 두 눈으로 똑똑히 목격한 겁니다. 그리고 과테말라 현지에서 결심합니다. "의사도 혁명가도 모두 사람 목숨 살리는 일이다. 난 의사가 아니라 혁명가로 사람들의 목숨을 구할 것이다"라고요.

🎥 피델 카스트로와의 운명적인 만남

게바라는 과테말라 현지에서 여러 혁명가들을 만나게 돼요. 그런 만남을 이어가던 중 한 혁명가 동지가 게바라에게 이런 말을 합니다. "당신은 말할 때 재미있는 버릇이 하나 있네요. 말을 하기 전에 꼭 'che'라고 해요." 이른바 '추임새'라고 하지요. '어, 저, 그러니까 등' 말입니다. 이 'che'라는 말은 '어이, 거기, 친구'란 뜻으로 별 뜻은 없어요. 그리고 그 동지는 게바라에게 말합니다. "앞으로 당신 별명은

'che'야. 하하하"라고요. 그 별명이 에르네스토 게바라가 '체 게바라'로 불리게 되는 계기가 되었습니다.

피델 카스트로의 사진, 1950

하여간 과테말라에서 미국이 주도한 '친미 군사 쿠데타'가 일어나자 게바라와 동료 동지들은 더 이상 과테말라에 머물 수가 없었어요. 그래서 멕시코로 이동합니다. 그리고 1955년 7월, 멕시코 현지에서 게바라는 운명의 동지를 만나게 됩니다. 바로 나중에 게바라와 함께 쿠바 혁명을 일으키고 쿠바의 국가 지도자가 되는 '피델 카스트로Fidel Castro'였어요. 쿠바에서 젊은 변호사였던 카스트로는 1953년에 '미국만 바라보는 미국 딸랑이' 바티스타 정권에 대항하여 쿠데타를 시도하다 실패한 후 15년 형을 선고받았어요. 하지만 재판 과정에서 "역사가 나를 심판할 것이다!"라는 명언 등으로 국민들 사이에서 인기가 상승하자, 바티스타 정권은 카스트로를 특별 사면해 석방해 줍니다. 카스트로는 쿠바를 떠나 멕시코로 망명해 온 상황이었는데 그곳에서 체 게바라를 운명적으로 만난 것이지요.

카스트로는 게바라에게 쿠바 국민들의 비참한 삶에 대해 이야기해 줘요. 미국 경제 식민지로 전락한 쿠바에서는 친미 바티스타 정권에 잘 보이는 이들만이 호텔, 카지노 등을 운영하며 초호화 생활을 하는 반면, 쿠바 아이들은 90%가 넘게 길거리에서 구걸하며 언제 굶어 죽을지 모를 삶을 살고 있다는 충격적인 사실을요. 그리고 게바라에게 제안합니다. 카스트로 자신은 곧 다시 쿠바로 돌아가 혁명을 일으킬 준비를 하고 있으니 게바라도 동참해 달라고 말이죠. 어릴 때 인디오 소년 친구들과 한 약속을 지키지 못한 것을 늘 가슴 아파했던 게바라는, 아이들이 또다시 인간 이하의 대접을 받고 길거리에서 구걸한다는 소리에 즉각 혁명에 동참하겠다고 합니다.

그런데 카스트로가 준비하고 있던 혁명이 조금은 허술해 보였습니다. 조그만 보트 한 대에 80명이 타고 쿠바로 들어가 혁명을 한다는 계획이었기 때문입니다. 엥? 겨우 80명? 8만 명이 들어가도 시원찮을 판에 겨우 80명? 그러나 카스트로는 다 계획이 있었어요. 당시 쿠바 민중들은 모두 "타도! 바티스타!"의 분위기였거든요. 카스트로는 80명이 들어가 정부군과 일대일로 전투를 벌이는 것이 아니라 곳곳에서 대규모 반정부 시위를 주도하면서 '쿠바 현지'에서 혁명군을 모은다는 계획이었어요. 여담이지만 나중에 북한 김일성도 카스트로를 모방해 이런 식의 '남조선 혁명'을 계획했답니다. 그래서 벌인 것이 1968년, 무려 120명의 무장 공비를 남쪽으로 침투시킨 '울진 삼척 무장 공비 사건'이랍니다.

쿠바 혁명이
시작되다

1956년 11월 25일 새벽, 카스트로와 게바라가 이끄는 82명의 무장 대원을 태운 배 '그란마(할머니)호Granma'는 드디어 쿠바를 향해 항해를 시작했습니다. 하지만 카스트로의 상륙 계획을 알고 있었던 바티스타 정부군은 상륙한 카스트로의 혁명 대원에게 대대적인 공격을 가합니다. 치열한 총격전이 벌어졌고 게바라도 전사할 위기에 처합니다. 겨우 깊은 산속으로 도피한 혁명 대원들. 수를 세어 보니 겨우 수십 명밖에 되지 않았습니다. 과연 이 무모한 혁명이 성공할 수 있을까요?

산속에서도 정부군과 교전을 벌이는 혁명군. 그러나 정부군과 교전을 벌이면 벌일수록 점점 혁명 대원의 수가 늘어났습니다. 왜? 정부군은 혁명 대원을 포로로 잡으면 바로 총살했던 반면, 혁명군은 정부군을 포로로 잡으면 치료해주고 집에 보내 줬거든요. 게바라가 의사잖아요. 부상당한 정부군 포로를 게바라가 직접 치료해줬답니다. 안 그래도 억지로 정부군에 끌려온 쿠바 청년들, 자기들도 바티스타 정권의 폭정에 아버지 어머니가 어떤 고생을 하는지 다 알고 있었어요. 그런데 치료까지 해주고 집에

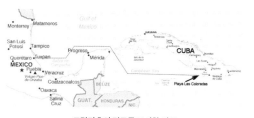

그란마호의 경로를 표시한 지도

쿠바 수도 아바나에 입성하는 게바라와 카밀로 시엔푸에고스, 루이스 코르다, 1959년 1월 8일

보내 준다? 감동한 정부군 포로들은 집으로 돌아가지 않고 바로 혁명군에 참여해 버렸던 겁니다. 그리고 산속에 숨어 지내며 산속 농부들과 함께 농사도 짓고, 아이들 글도 가르쳐 주고, 또 게바라 등이 주민들 의료 봉사까지 해 주니 너도나도 혁명군에 동참했습니다.

쿠바 국민들이 혁명군에 동참하면서 이제 정부군과 일대일 교전을 벌일 정도로 세가 불어났습니다. 1956년 11월 쿠바에 상륙했던 82명의 혁명군은 수도 아바나 쪽으로 진군했고 드디어 1959년 1월 3일 쿠바의 수도 아바나에 당당히 입성하게 됩니다! 친미 독재자 바티스타는? 바로 전날 옆 나라 도미니카 공화국으로 야반도주를 했답니다. 불가능할 것 같았던 혁명이 성공한 순간이었습니다. 수도 아바나 시민들은 카스트로와 게바라의 혁명군을 열렬히 환영했어요. 시민들 앞에서 게바라는 선언했습니다. "앞으로 쿠바는 미국과 일부 정치인들의 나라가 아니라, 모든 쿠바 국민들이 주인이 되는 나라가 될 것입니다! 쿠바 만세!"

성공한 쿠바 혁명, 미국의 침공 작전

혁명을 성공시킨 카스트로는 혁명 동지 게바라에게 쿠바 시민권을 줍니다. 쿠바 시민권을 받은 게바라는 "난 비록 아르헨티나에서 태어났지만 이제 당당한 쿠바 시민으로서 쿠바 민중을 위해

1961년 미국의 침공에 반격하는 쿠바 혁명군의 사진, 럼린, 1961년 4월 19일

목숨을 바치겠습니다"라고 선언합니다. 그리고 새로운 혁명 정부에
서 산업부 장관 등을 맡으면서 쿠바를 위해 혁명 정책을 만들어 나갑
니다. 그 첫 번째 정책이 '토지 개혁'이었어요. 미국과 친미파들이 소
유하고 있던 토지와 재산을 강제로 몰수하는 것이었습니다. 졸지에
재산과 땅을 빼앗긴 지주들과 친미 정치인들은 "게바라, 네 이놈 두고
보자"라고 이를 갈면서 쿠바를 떠나 미국으로 망명했어요. 당연히 이

런 상황을 미국 정부도 주시하고 있었습니다. '저 게바라란 놈, 가만 놔두면 안 되겠어'라고 생각하면서요.

결국 당시 미국의 케네디 대통령과 CIA는 1961년 쿠바에서 쫓겨 온 망명자 1,500명으로 구성된 '쿠바 정권 전복 특공대'를 쿠바에 침투시키는 작전을 벌여요. 하지만 참으로 어설픈 작전으로 대실패하고 맙니다. 무려 1,000명 이상의 '미국 특공대원'들이 포로로 잡혀 버렸답니다. 포로들은 나중에 미국 정부가 5300만 달러의 몸값을 지불한 후에야 풀려나게 됩니다. 미국의 망신, 망신, 대망신이었어요. 이 쿠바 침공 작전 이후에 미국과 쿠바는 서로 공식적인 '적국'이 됩니다.

🎥 쿠바를 떠나는 게바라

그러나 객관적으로 미국은 세계 최강의 강대국이었고 쿠바는 조그만 섬나라였잖아요. 또다시 미국이 대대적으로 침공해 오면 쿠바는 감당할 수 없었을 겁니다. 이 사실을 우려했던 게바라는 당시 소련에게 군사적 지원 요청을 합니다. 미국과 냉전으로 치열한 경쟁을 벌이고 있던 소련은 즉각 '오케이' 승낙해요. 그리고 바로 소련은 1962년, 쿠바에 미사일 기지 건설을 시작합니다. 이에 대한 미국의 반응은? "진짜로 쿠바에 미사일 기지를 건설하면 3차 세계 대전이다!"라는 격앙된 반응을 보입니다. 이해할 만해요. 미국 바로 코앞 쿠바에

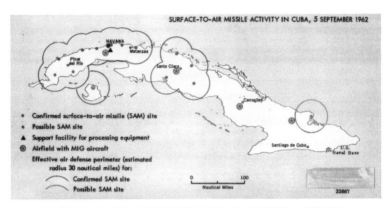

1962년 9월 5일 쿠바의 지대공 미사일 활동 범위를 보여주는 지도, 미국 워싱턴 DC 중앙 정보국, 1962

소련의 미사일 기지가 건설되면 이론적으로는 미국 바로 앞에서 소련이 핵미사일을 발사할 수 있다는 얘기였으니까요.

미국의 3차 대전 운운 협박에 소련도 고심에 빠집니다. 3차 대전은 핵전쟁을 의미하는 것이었고, 핵전쟁은 '지구 공멸'을 뜻했기 때문입니다. 결국 소련은 미국과의 전면 대결을 취소하는 결정을 내리고 쿠바 미사일 기지 건설을 중단하고 맙니다. 여기에 게바라는 격분해요. "미국이 가지고 있는 수천 개의 핵미사일은 문제가 없고, 조그만 약소국인 쿠바가 스스로를 지키기 위해 미사일 몇 발 가지는 것은 문제가 되냐?"라고 외치면서요. 그리고 생각합니다. '공산 세계의 맹주라고 했던 소련도 결국 미국과 똑같은 제국주의 국가였어. 소련을 믿은 내가 바보지'라고요. 그리고 바로 카스트로를 찾아가 쿠바 시민권을 반납합니다. 자신이 추구했던 혁명은 아직 끝나지 않았다, 다시 정글로 돌아가 혁명을 계속하겠다고 말하면서요.

게바라, 혁명의 별이 되다

1965년 4월, 게바라는 쿠바에서 '혁명 주역' 그리고 '정부 관리'로 누리던 모든 혜택을 다 버리고 아프리카 콩고로 들어갑니다. 당시 콩고도 콩고에 매장된 자원을 노린 미국이 친미 쿠데타를 일으킨 후 친미 독재 정권을 앉힌 상태였거든요. 게바라가 보기엔 콩고가 '아프리카의 쿠바'였던 겁니다. 하지만 콩고 현지에서 반정부군을 모으기가 정말 힘들었어요. 일단 현지 콩고인들은 '혁명에 대한 의지'가 부족했어요. 즉, '왜 혁명까지 번거롭게 일으켜야 하나'란 생각을 했던 겁니다. 그나마 게바라가 겨우 모았던 반정부군도 정부군과의 교전에서 연전연패를 해버립니다. 군사 훈련이 제대로 안 된 상태였던 거죠. 게바라의 콩고 혁명은 실패로 돌아갑니다.

게바라는 다음 목표로 남미의 볼리비아를 선택합니다. 볼리비아도 똑같이 1964년, 친미 군사 쿠데타가 일어나서 친미 정권이 들어선 상태였어요. 또 볼리비아는 남미의 정중앙에 위치해서 볼리비아에서 혁명에 성공한다면 그 여파가 남미 전체에 불 것이라는 판단을 한 겁니다. 1966년 볼리비아로 들어온 게바라는 즉각 산속에 들어가 혁명을 준비했어요. 그런데 볼리비아 농민들의 분위기는 쿠바와는 완전 달랐어요! 어찌 된 일일까요? 볼리비아에서 게바라의 일거수일투족을 주시하고 있던 미국이 볼리비아에 대한 경제 원조를 끊어 버린 겁니다. 은근슬쩍 "우리가 너희에 대한 지원을 끊는 것은 너희가

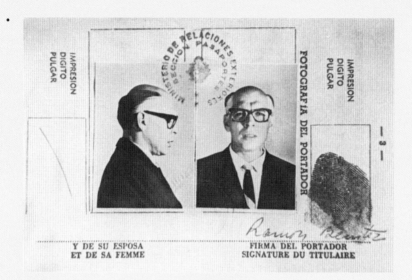

Y DE SU ESPOSA
ET DE SA FEMME

FIRMA DEL PORTADOR
SIGNATURE DU TITULAIRE

- 가명 '아돌포 메나 곤살레스'로 변장한 체 게바라의 1966년 여권, 우루과이 외무부, 1966년 7월 19일
- •• 1967년 볼리비아 시골에서 찍힌 체 게바라의 마지막 사진, 1967, 체 게바라 박물관

게바라 입국을 허용했기 때문이다"라는 소리를 하면서요.

당연히 경제 상황은 안 좋아졌고 농민들 사이에선 불만이 터져 나왔어요. "이렇게 갑자기 힘들어진 건 다 저놈 게바라 때문이다"라고요. 이런 가운데 미국 CIA는 게바라에 대한 현상금까지 걸었어요. 당연히 농민들은 너도나도 게바라를 신고하고 싶어 했겠지요. 결국 농민들은 산속의 게바라 위치를 정부군에게 신고했고, 1967년 10월 8일 결국 게바라는 볼리비아 정부군에 생포되고 맙니다. 게바라의 생포 소식은 미 정부에게도 보고가 되었고 '사살해 버려라'는 비밀 지시가 떨어집니다.

운명의 그날. '마리오 테란Mario Terán'이라는 정부군 장교가 게바라가 구금되어 있던 방으로 들어갑니다. 손에는 권총 한 자루가 들려 있었죠. 그리고 게바라에게 말했어요. "당신을 사살하란 명령을 받았다." 게바라는 초연하게 말했습니다. "어서 죽여라. 두려워하지 말라. 그저 한 명의 사람을 죽이는 것뿐이다. 난 죽음이 두렵지 않다. 단지 내가 꿈꾸었던 혁명을 완성하지 못하고 죽는 것이 안타까울 뿐이다." 결국 1967년 10월 9일, 생포된 지 하루 만에 체 게바라는 볼리비아 산속에서 생을 마감합니다. 그가 꿈꾸었던 모든 억압받는 민중들이 해방되어 잘 사는 세상을 보지 못하고 말이죠.

영화 〈모터사이클 다이어리〉는 20세기의 마지막 낭만주의자이자 마지막 혁명가 체 게바라가 어떻게 평범했던 의대생에서 위대한 혁명가가 되었는지, 그 계기가 된 '8개월간의 오토바이 여정'을 담담하게 그려줍니다. 물론 체 게바라라고 해서 완벽한 인간은 아니었습니다. 쿠바 혁명 이후 정부 관리로 살아가면서 호화로운 저택에서 살며 누릴 것은 다 누리고 살았다는 비판도 분명 있습니다. 하지만 우리가 그를 영웅으로 칭송하는 것은 그가 결국 모든 기득권을 다 버리고 다시 정글로 돌아가 억압받는 민중들을 해방시키기 위해 피나는 노력을 하다 결국 혁명의 별이 되었기 때문입니다. 그가 꿈꾸었던 모든 억압받는 이들이 다 해방되어 민중이 주인이 되는 세상, 모든 민중이 행복한 세상은 현실적으로 불가능할 수도 있습니다. 하지만 그 불가능한 목표를 위해 자신의 목숨까지 내던진 체 게바라는 영원히 우리 가슴 속에서 혁명을 꿈꾸고 있습니다. 그가 생전에 외쳤던 "Hasta la Victoria Siempre!" 영원한 승리의 그날까지, 말입니다.

쿠바 산타클라라에 있는 체 게바라 기념비

5장

라스트 사무라이

일본의 마지막 사무라이

SYNOPSIS

<라스트 사무라이>는 사무라이임을 자랑스러워하며 죽는 그 순간까지 명예를 지키고자 했던 '마지막 사무라이'의 실화를 바탕으로 한 영화다. 사무라이는 왜 모두 죽었을까? 마지막 사무라이는 누구일까? 에도 막부부터 메이지 유신까지 일본의 역사를 함께 이해한다!

NO.5 # 라스트 사무라이
The Last Samurai, 2003

감독	에드워드 즈윅
주연	톰 크루즈, 와타나베 켄

현재 일본엔 '사무라이', 즉 '무사'라는 계급은 존재하지 않습니다. 있다면 그게 더 웃기겠지요. 도쿄 긴자 한복판에 사무라이들이 칼을 차고 돌아다닌다면요. 이 사무라이 계급은 1868년 일본의 이른바 '메이지 유신明治維新'(곧 자세히 설명해 드릴게요) 이후 일본이 서구화되는 과정에서 사라졌어요. 그러면 사라진 사무라이들 가운데 끝까지 사무라이임을 자랑스러워했고 사무라이로 남으려 했던 '마지막 사무라이'가 있었을까요? 예, 있었습니다. 바로 '사이고 다카모리西鄕隆盛'란 인물이었어요. 일본 규슈 남부의 사쓰마薩摩에서 1828년에 태어났어요. 마지막까지 사무라이의 명예를 지키기 위해 정부군과 치열하게 싸웠고 결국 장렬하게 스스로 목숨을 끊으면서 '마지막 사무라이'의 명예를 지켰어요. 지금도 일본인들은 이 사이고 다카모리를 마지막 사무

도쿄 우에노 공원의 사이고 다카모리 동상

라이로 존경하고 영웅시하고 있습니다. 사이고의 고향인 가고시마엔 지금도 "가고시마에서 사이고와 흑돼지 욕을 하면 죽는다"라는 말을 할 정도랍니다. 고향인 가고시마뿐 아니라 수도 도쿄 한복판에도 사이고의 동상이 우뚝 솟아 있어요. 즉, 모든 일본인의 영웅이란 말이죠.

영화 '라스트 사무라이'는 이 사이고 다카모리의 실화에 약간의 픽션을 가미한 영화입니다. 와타나베 켄이 연기한 '라스트 사무라이'가 바로 사이고 다카모리입니다. 영화에서도 와타나베와 그의 동료 사무라이들은 서양식 신식 무기로 무장한 일본 정부군에 맞서 순수하게 사무라이의 칼과 화살로 승부를 겨루다 장렬히 전멸하지요. 영화 속 마지막 전투는 실제 1877년에 있었던 서남전쟁西南戰爭을 그린 것입니다. 사이고의 고향인 가고시마가 일본의 서남쪽에 있어서 그런 이름이 붙었답니다.

그럼 이제부터 메이지 유신이란 무엇이고, 사이고 다카모리는 왜 사무라이를 끝까지 고집했으며, 일본 정부는 왜 사이고 다카모리와 마지막 사무라이들을 모두 죽여야 했는지, 영화 〈라스트 사무라이〉를 통해 알아볼까요?

사무라이, 그들은 누구인가?

사무라이侍, さむらい는 간단히 말해 무사武士라는 말입니다. 칼 쓰는 것을 직업으로 하는 사람들인데, 중요한 것이 있어요. 바로 '주군主君', 즉 '주인'을 모셔야 한다는 점입니다. 오죽했으면 사무라이를 한자로 쓸 때 원래 '가까이에서 모신다'는 뜻의 시侍라는 한자 단어를 쓸까요? 주인을 잃은 사무라이는 낭인浪人이라고 불렀는데 당시 일본 사회에선 정말 불쌍한 취급을 받았답니다. 갈 곳 없는 떠돌이였기 때문입니다.

갑옷을 입고 말을 탄 사무라이의 그림, 작자 미상, 1878년경

영화의 배경이 된 시대는 '에도 막부江戸幕府' 시대였어요. 우리나라와 일본이 전쟁을 벌인 임진왜란 이후 일본에 들어선 정권인데요, 에도江戸는 지금의 일본 도쿄예요. 그럼 '막부幕府'는 무엇인가? 한자 뜻을 풀이해보면 '장군이 있는 천막' 정도로 번역이 됩니다. 예전에 전쟁

니초마치 거리의 가부키 극장, 우타가와 히로시게, 1832-1838년경
에도 시대의 거리 풍경

할 때 전쟁터에 장군이 천막을 쳐 놓고 지휘하던 공간이었답니다. 그 이후에 이 '막부'란 표현은 간단히 말해 '군사 정권'을 뜻하는 표현이 되었어요. 즉, '에도 막부'는 '도쿄를 중심으로 하는 군사 정권' 정도로 이해하시면 됩니다. 이 군사 정권의 실권자는 바로 우리가 '쇼군將軍'이 라고 부르는 장군이었어요. 그럼 일본인들이 '천황天皇'이라고 부르는 왕은? 당시에도 물론 왕은 있었어요. 에도 즉, 지금의 도쿄가 아니라 '교토'란 도시에 좋은 말로 하면 '통합의 상징', 나쁜 말로 하면 '바지 사장'으로 지냈답니다. 아무런 실권도 없었어요. 모든 실권은 에도에 있던 쇼군에게 있었어요.

자, 당시 일본은 쇼군이 통치하고 있었지만 '하나로 완벽하게' 통일된 국가가 아니었어요. 261개의 번藩들이 각각 나름 독립국처럼 쪼개져 있던 상황이었거든요. 이 '번'에는 '대명大名'이라는 영주가 각 번을 자기 나라처럼 통치했답니다. 이 대명을 일본식 발음으론 '다이 묘'라고 하는데요. 예를 들어 우리로 치면 조선이란 나라에 국왕이 있 지만 경상도, 전라도, 충청도가 각각 독립국처럼 지내면서 경상도지 사가 경상도에서 왕 노릇을 했다, 정도로 보시면 돼요. 물론 경상도 왕 머리 위엔 국왕(일본의 경우 쇼군)이 있었지만요. 즉, 에도 막부 시대 땐 일본 전국에 261명의 독립국 왕(다이묘)들이 있었는데 이 왕들은 모 두 에도에 있던 쇼군에게 충성을 맹세해야 했어요. 심지어 에도에 각 다이묘들은 자기 자식 하나씩을 인질로 보내야만 했답니다. 그러니 쇼군에게 밉보이면 안 될 상황이었겠죠.

사무라이들은 이 지방 군주 다이묘를 주군으로 모시고 다이묘를 위해 죽음도 불사하던 무사들이었어요. 문제는 사무라이는 기본적으로 칼싸움을 해야 그 존재 이유가 있는 것인데 270년간의 에도 막부 시대가 '너무' 평화로웠다는 겁니다. 사무라이들이 싸울 일이 없었던 것이죠. 그럼 사무라이들은 무엇을 했느냐? 허리에 칼을 차고 다이묘를 위한 '사무 업무'를 봤어요. 장부 정리하고, 창고 정리하고, 민원 받고, 그냥 '칼 찬 공무원들'이었답니다. 당연히 사무라이들은 불만이 이만저만이 아니었어요. 사무라이는 정말로 '우리가 돈이 없지 가오가 없나'란 말이 어울릴 정도로 '명예' 하나만으로 살던 사람들이었는데 창고 정리가 웬 말이냐고요!

📹 일본, 강제로 밀고 들어온 미국과 불평등 조약을 맺다

에도 막부는 철저한 '쇄국 정책鎖國政策'을 실시했습니다. 즉, "외국이랑 거래 안 하고 우리끼리 잘 살 거니까 무역하잔 소리 하지 마!"였던 겁니다. 그나마 네덜란드 정도의 나라에게 그것도 나가사키 항구 하나만 '부분 개방'을 해줬습니다. 그런데 이렇게 문을 꽉 닫고 살던 일본에게 강적이 나타났어요. 바로 신흥 강대국 미국이었습니다. 미국은 마침 멕시코와 전쟁을 벌여 캘리포니아를 강제로 빼앗은 후였거든요. 맞아요. 캘리포니아는 원래 멕시코 땅이었어요. 캘리포니아를 꿀꺽하고 보니까 바로 앞에 태평양이 쫙 펼쳐져 있네! 미국은 슬슬 대양 진출을 시도합니다. 당시 가장 핫한 곳은 중국 청나라였어요. 1840년 아편 전쟁에서 영국에게 박살 난 후 홍콩도 영국에게 빼앗겼지요. 그 이후, 서구 열강들은 너도나도 중국으로 들어와 '중국 나눠 먹기'에 열심이던 중이었어요. 거기에 미국도 끼고 싶었던 것이죠.

미국은 이미 태평양에 진출해 세계 최대의 포경(고래잡이) 국가가 된 상태였어요. 태평양을 누비는 미국 고래잡이 선박들이 쉴 항구도 필요했고, 또 중국으로 진출하기 전 중간 기착지도 필요했던 미국은 '고래잡이 어선 기착지와 바다 휴게소'로 일본을 지목했어요. 결국 1853년 미국의 '메튜 페리Matthew Perry' 제독이 이끄는 증기선들이 에도, 즉 도쿄 앞바다에 나타났답니다. 당시 일본 배들은 가장 큰 것이 100톤 정도 규모였는데 페리 제독의 미국 증기선들은 기본 2,000톤이 넘었어요. 그걸 본 일본인들은 '악마'가 나타난 줄 알고 혼비백산했고 실제로 짐을 싸 들고 피난을 떠난 이들도 있었습니다. 일본인들은 이 미국 배들을 '흑선黑船'이라고 불렀답니다. 검은 칠이 되어 있었기 때문이죠. 일본 발음으론 '구로후네'라고 했어요.

페리 제독의 위용은 대단했습니다. 에도 막부 정부는 "우리 일본과 협상을 할 수 있는 곳은 남쪽 나가사키 한 곳뿐이다. 그곳으로 내려가서 협상하자"라고 제안했지만, 페리의 반응은 "죽을래?"였습니다. 흑선의 위용에 '음매, 기죽어'가 된 에도 막부 관계자들은 울며 겨자 먹기로 에도에 미국과의 협상 센터를 급조해 만들었어요. 에도 막부가 생긴 후 처음 있는 일이었습니다. 이 자리에서 페리 제독은 미국 고래잡이 선박들이 일본에 들어와 쉬게 해줄 것, 음식과 연료도 보

- <1853년 미국의 첫 일본 상륙>, 빌헬름 하이네, 1855
- <1854년 3월 8일 일본 요코하마에서 제국 위원들을 만나기 위해 상륙하는 페리 제독, 중대 장교 및 병사들>, 빌헬름 하이네, 1855

급해줄 것, 아예 섬 하나를 내줘서 그곳에 미국이 연료 저장 창고를 만들게 해줄 것 등을 요구했습니다.

에도 막부가 아무리 생각해도 그건 무리였어요. 그래서 1년만 시간을 좀 달라고 미국에 읍소를 해요. 미국은 "알았다. 1년 후에 보자"라고 한 후 일단 일본을 떠납니다. 그리고 정확하게 약속대로 1년 후에 일본에 돌아온 미국의 페리 제독. 무시무시한 흑선 군함들과 500명의 해군과 함께 온 페리 제독의 강요에 일본도 더 이상 어쩔 수 없이 '미일 화친 조약'을 체결하고 1858년엔 '미일 수호통상조약'을 체결했어요. 그런데 그 내용이 '이보다 더 불평등할 수는 없다' 할 정도로 일본엔 굴욕적인 내용이었습니다. 예를 들어 미국인이 일본에서 범죄를 저질러도 일본이 아니라 미국이 조사, 재판한다는 등의 내용이었답니다. 나중에 태평양 전쟁을 일으키고 진주만을 공습한 일본의 명분도 '페리 제독에 대한 복수다!'라고 할 정도였어요. 여기에 질 수 없었던 미국은 일본에 원자폭탄을 떨어뜨리고 무조건 항복을 받아낸 후 도쿄 앞바다에서 항복서에 사인을 받았는데, 그 미국 군함에 '페리 제독의 깃발'을 걸었어요. 일본, 피눈물 날 일이었지요.

굴욕적인 막부의 모습에
들고일어나는 사무라이들

　　이런 에도 막부의 굴욕적인 협상 모습을 지켜보던 사무라이들은 격분했습니다. 당시 사무라이들 가운데서도 서열이 있었어요. 상급 사무라이 그리고 하급 사무라이. 특히 하급 사무라이들은 월급도 제대로 안 나와서 생활고까지 겪고 있던 상황에 '마지막 남은 일본의 자존심'이 와르르 무너지는 꼴을 보고 욱한 거지요. 하급 사무라이들이 외쳤어요. "굴욕적인 매국노, 에도 막부를 몰아내고 천황 폐하께 다시 권력을 드려 서양 세력을 몰아내자! 일본의 자존심을 다시 찾자!"라고요. 즉, '존왕양이尊王攘夷' 운동을 시작한 겁니다. 여기서 '존尊'은 '존경하다'의 '존'이에요. '존왕尊王'은 '왕을 존경하고, 다시 천황을 일본의 지도자로 섬기자'는 말이죠. 그리고 '양이攘夷'에서 '양攘'은 '물리치다'란 뜻이고 '이夷'는 '오랑캐'란 뜻이니까 '서양 오랑캐를 쫓아내자'란 말이지요.

　　당시 일본에 있었던 261개의 번들 가운데서 가장 힘 좀 쓴다는 몇 개의 번들이 특히 에도 막부에 더욱 격분했어요. '라스트 사무라이'인 사이고 다카모리의 고향인 사쓰마번薩摩藩, 지금의 가고시마 그리고 조슈번長州藩, 지금의 야마구치이 그곳이었어요. 사쓰마는 지금은 가고시마란 이름으로 여행객들이 온천욕 하러 많이 가고, 또 특히 흑돼지 고기로 아주 유명해요. 가고시마에서 키운 흑돼지로 만든 돈가스는 일본에서도 최고로 친답니다. 지금은 야마구치란 이름의 조슈번은 시모노세키가 있

<사쓰마번 규칙열사족 일람 그림>, 야마모토 류도, 연도 미상

는 동네에요. 여기가 지금도 일본 극우파들의 산실이랍니다. 아베 신조 전 총리의 지역구도 야마구치 출신이었어요. 또 이토 히로부미, 데라우치 총독, 명성황후를 죽인 미우라 공사 등, 우리에겐 나라의 원수들이 모조리 여기 조슈번(지금의 야마구치) 출신들이었답니다. 사이고 다카모리의 고향 사쓰마도 우리와는 악연이 깊어요. 1598년 임진왜란의 마지막 해전인 노량 해전에서 이순신 장군을 총으로 쏴 돌아가시게 만든 일본 수군도 여기 사쓰마 출신이었습니다.

당시 일본 최고의 경제력을 자랑하던 사쓰마의 하급 사무라이 집안에서 태어난 사이고 다카모리는 비록 신분은 사무라이, 즉 무사였지만 유학, 성리학 등의 공부도 열심히 했어요. '공부하는 사무라이'였답니다. 젊었을 때부터 머리가 좋았고 리더십을 보여서 사쓰마의 영주, 즉 다이묘의 눈에 들어 승승장구하게 돼요. 이런 사이고 옆에는 한동네에서 같이 코 흘리면서 자란 죽마고우 '오쿠보 도시미치大久保利

通'가 있었어요. 나중에 사이고와 함께 에도 막부를 날려 버리고 새로운 일본을 세운 중요한 인물이니까 꼭 기억하세요. 또한 아이러니하게도 사이고는 나중에 이 죽마고우와 마지막 일전을 벌여 죽마고우에 의해 죽습니다. 나중에 자세히 설명해 드릴게요.

먼저 '막부 타도!' 선봉에 선 두 번, 조슈와 사쓰마. 그런데 두 번의 태도가 조금 달랐어요. 사쓰마는 "그래도 막부가 오랫동안 일본을 통치했는데 말이야. 막부를 완전히 날려 버리지는 말고 막부를 설득해서 권력을 조용히 천황에게 넘기도록 하자"라는 약간의 평화적 접근을 주장했어요. 그런 반면에 조슈는 "웃기지 마라! 군대를 끌고 가서 막부를 완전 콩가루로 만들어 버리자!"라는 조금 과격한 주장을 한 겁니다.

갈등을 빚던 두 번, 결국 1864년 무력 충돌까지 벌여요. 전쟁을 한 겁니다. 여기에서 사이고가 이끌던 사쓰마가 이깁니다. 이 전쟁으로 두 번은 서로 원수가 '일단' 됩니다. 물론 나중에 극적으로 다시 손을 잡고 힘을 합쳐 막부를 무너뜨리지만요. 어찌 두 원수가 손을 잡았냐고요? 간단히 말씀드리면 이랬어요. '결국 막부는 무너진다. 그런 날이 빨리 오게 하기 위해선 우리 사쓰마가 조슈와 손을 잡아야 한다. 조슈는 지금 군사력 강화를 원하고 있다. 그럼 원하는 걸 줘야지'라고 생각한 사이고는 위험을 무릅쓰고 서양 무기를 구입해 조슈에게 넘겨주는 결단을 내려요. 이에 감동한 조슈는 사이고의 진정성을 믿고 손을 잡게 됩니다.

권력의 자리에서 물러나는 마지막 쇼군

에도 막부의 마지막 쇼군은 '도쿠가와 요시노부德川慶喜'라는 사람이었습니다. 일본에서 가장 강력한 번이었던 조슈와 사쓰마가 서로 손을 잡았다는 소식을 들은 요시노부는 멘붕이 왔어요. 당연히 그랬겠죠. 이 강력한 두 번이 군사적 공격을 해 온다면 막부는 바로 무너져 버릴 것이니까요. 막부 vs 타도 막부 사무라이들, 이 대결 과연 어떻게 되었을까요? 갑자기 의외의 반전이 일어납니다. 1867년 10월, 마지막 쇼군 요시노부가 한번 싸워보지도 않고 조슈, 사쓰마 등 '존왕양이' 사무라이들에게 느닷없이 백기를 들며 항복해 버린 겁니다. 쇼군은 바로 모든 권력을 천황에게 넘겨주고, 막부도 바로 해체하고, 자신도 쇼군 자리에서 내려온다고 선언했어요. 이른바 '대정봉환大政奉還'이었어요. '대정大政', 대권을, '봉환奉還', 다시 천황에게 곱게 돌려준다는 뜻입니다.

마지막 쇼군은 왜 갑자기 권력을 순순히 천황에게 돌려준 것일까요? 대단한 '잔머리' 판단이었어요. 어차피 사무라이들과 싸워 봤자 질 게 뻔한 상황에서 싸우는 건 아무 의미가 없었지요. 그럴 바엔 권력을 천황에게 평화적으로 돌려주고, 천황 중심으로 꾸며질 새 정부에 자기가 '국정 경험자'로서 슬그머니 참여해서 100%는 아니더라도 어느 정도 권력을 다시 잡을 계획이었던 겁니다!

조슈와 사쓰마 등 '타도 막부!' 파의 사무라이들은 당황했어요.

<대정봉환>, 무라타 탄료오, 연도 미상

이제 막부를 무력으로 공격할 명분이 없어졌기 때문입니다. 그리고 마지막 쇼군 요시노부의 잔머리 수도 다 읽었지만 어쩔 수 없었습니다. 그냥 신정부가 새로 만들어지는 걸 가만히 기다리며 지켜보는 수밖에요. 그러나 요시노부의 잔머리는 그리 오래가지 않았어요. '순수한 마음'이 없는데 신정부가 제대로 만들어질 리가 없지요. 몇 달이 지나도 새로운 정부는 만들어지지 않았고 사이고 등 사무라이들의 인내도 한계에 도달했어요. 사이고 다카모리는 마지막 쇼군에게 최후통첩을 했습니다. "빨리 잔머리 굴리기 그만두지 않으면 바로 너희들 근거지인 에도로 쳐들어가서 박살 내 버린다"라고 말이죠.

그리고 사이고는 대군을 이끌고 가서 에도를 포위해 버립니다. 그리곤 에도성 안으로 들어가 최후의 담판을 짓습니다. 그런데 그 자리에 사이고의 협상 파트너로 나온 이가 '가쓰 가이슈勝海舟'였는데 사이고가 평소에 존경하던 인물이었어요. 비록 막부에 몸담고 있지만 사람은 존경할만하다는 생각을 가졌던 인물이었습니다. 두 사람은 차 한 잔을 사이에 두고 앉아서 탁 까놓고 진솔한 대화를 나눴어요. 그리고 두 사람은 "전쟁은 안 된다"는 결론을 내립니다.

전쟁은 곧 또 다른 일본 내전을 뜻했고 에도에 살고 있던 100만 시민들의 목숨도 장담 못하는 상황이었어요. 일본인들끼리 치고받고 싸우면 지금 일본에 눈독 들이고 있는 영국, 미국이 바로 군사적으로 개입해서, 영국이 중국을 먹었던 것처럼 일본도 서구 열강에 먹힐 가능성도 있었어요. 이 점을 사이고와 가쓰 두 사람은 너무도 잘 알고 있었습니다. 두 사람은 마지막 쇼군 요시노부의 목숨을 살려주되 쇼군

<에도 성의 항복, 사이고 다카모리와 가쓰 가이슈의 천도 협상>, 소메이 유키, 1935년

소속 땅의 대부분은 신정부가 가져가고 막부는 무장 해제하는 것으로 대타협을 이룹니다. 이른바 '메이지 유신明治維新'의 시작이었습니다. 여기서 '메이지明治'는 당시 천황의 이름입니다. '유신維新'은 중국 옛 문헌에 나오는 표현인데 '새롭게 하다'란 뜻이에요.

메이지 유신 이후 '팽' 당하는 사무라이들

1868년, 피 한 방울 흘리지 않고 혁명(메이지 유신)을 성공시킨 사무라이들은 즉시 천황을 중심으로 하는 신정부를 만들었습니다. 그런데 그 과정에서 같은 사무라이 동지들 간에 이견이 발생해요. 사이고 다카모리의 고향 친구 오쿠보 도시미치는 먼저 각 지방의 '번藩'들을 다 없애 버리고 중앙집권국가로 일본을 바꾸자고 주장합니다. 지금 우리나라, 일본 등과 같은 모습의 국가죠. '지방의 왕들' 다이묘 같은 영주를 다 없애자는 거였어요. 그런데 사이고 다카모리는 여기에 반대합니다. 왜? 번을 없애면 영주를 없애는 것이고, 영주가 사라지면 그 밑에서 일하던 사무라이들은 다 백수가 되는 것이기 때문이었죠. "사무라이가 만든 정부가 사무라이를 배신할 수 없다"라는 입장이었어요.

하지만 사이고의 반대에도 불구하고 메이지 정부는 1871년 전국의 '번'들을 다 없애고 그 대신에 '현県'을 설치해 버립니다. 지금의 일본 행정 구역이 이때 만들어진 거랍니다. 번을 없애는 것이 대세라고 판단한 사이고는 불만이 가득했지만 일단 번을 없애는 방침에 따르기로 결정해요. 그런데 전국의 일반 사무라이들의 불만은 점점 커져 갔어요. 당연하죠. 실직자가 되었으니까요. 게다가 메이지 정부는 '징병제'까지 실시한다고 해 버려요. 징병제는 지금 우리나라와 같이 일반 국민들 모두를 상대로 입대 의무화를 하는 겁니다. 그러면 농민들도 입대를 하는 것인데 이걸 사무라이들은 도저히 받아들일 수가 없었어요. "칼이란 무사인 우리 사무라이들만 잡아야 하는데, 농사 짓던 농민들도 칼을 잡게 하고 우리 무사들과 겸상하게 만든단 말이야?"라는 반발이었습니다. 사무라이들은 명예에 죽고, 명예에 사는 집단이었어요.

실망한 사이고, 도쿄를 떠나다

사이고는 이런 사무라이들의 반발을 심각하게 봤습니다. 그래서 뭔가 아이디어 하나를 주장해요. 바로 '조선과의 전쟁'이었습니다. 당시 조선은 일본에 새로 들어선 메이지 정부를 인정하지 못하겠다는 분위기였거든요. "지금까지 에도 막부와 외교 잘 해왔는데 갑자기 웬 사무라이 정권?"이란 분위기였어요. 사이고는 이런 갈등을 이용해 조선과 전쟁을 벌이면 불만 가득한 사무라이들을 달랠 수 있

<도쿄 시오도메 철도 다테 증기차 대합지도>, 다테사이 히로시게, 메이지 6년
메이지 유신 이후 서양식으로 바뀐 도쿄의 풍경

을 거라 믿었던 겁니다. 왜? 전쟁은 사무라이들의 전문 분야니까요. 일자리가 생기는 것이죠. 사이고는 실제로 조선과 전쟁을 일으키기 위해 자기를 희생하려고까지 했어요. "내가 조선 한양으로 가겠다. 그럼 격분한 조선인들이 나를 죽일 것이다. 그걸 명분 삼아 조선을 침공하라"라는 말까지 했습니다. 자기는 '사무라이들의 영원한 영웅'으로 남겠다는 것이죠.

　하지만 메이지 정부는 조선과의 전쟁은 명분도 없고, 아직 그럴 능력도 없다고 결정을 내려요. 우리가 알고 있는 '일본 근대화'가 시작되기 전이었거든요. 메이지 정부가 문을 열 때만 하더라도 일본은 농사나 짓던 농업 국가였으니 조선과의 전쟁은 정말 무리였습니다. 크

<가고시마 신보 타하라자카 격전 그림>, 고바야시 에이타쿠, 1877
서남전쟁의 한 장면

게 실망한 사이고는 "난 더 이상 이런 정부에서 일 못 하겠다"라고 선
언하며 도쿄(메이지 유신 이후에 에도는 이름을 도쿄로 바꿉니다)를 떠나
고향 가고시마로 돌아와 버립니다. 그리고 매일 온천이나 하고 개나
키우면서 '난 이제 권력에 관심 없다'는 걸 대놓고 보여주며 그냥 소일
을 해요.

　　하지만 전국의 불만 가득한 사무라이들은 사이고만 바라보고
있었어요. 사이고가 앞장서서 저 배신자 메이지 정부를 좀 어떻게 해
달라는 바람이었지요. 게다가 사무라이들이 에도 막부를 엎은 것은
'존왕양이' 즉, '왕을 다시 모시고 서양 오랑캐를 몰아내자'였잖아요.
메이지 정부가 왕을 다시 모신 건 좋은데 서양 오랑캐를 몰아내기는 커녕 '서양 문물을 배우자'며 서양식 학교 제도, 통신, 철도를 만드는 것도 모자라, 일본 전통 의상도 벗고 서양식 양복을 입고, 나라 전체를 또 다른 '서양 오랑캐'로 만들고 있는 것이 아닙니까! 도쿄의 메이지 정부도 계속 가고시마에 스파이를 보내 사이고가 어찌 지내나 감시 했답니다. 스파이는 "매일 온천이나 하고 개나 키우고 있습니다"라고 보고하지요. 그걸 메이지 정부는 더 의심스럽게 봤어요. "그럴 인간이 아닌데"라는 우려였죠.

쓰러지는 라스트 사무라이

사이고도 들고일어나고 싶었지만 그럴 명분이 없었어요. 그저 숨죽이며 살고 있었는데 그때 일이 터집니다. 1877년, 메이지 정 부군이 가고시마에 있던 탄약고에서 탄약을 가져가려는 것을 가고시 마 사무라이들이 빼앗아 버린 겁니다! 정부군은 당연히 탄약은 정부 물건이니까 가져가려 했던 것인데 그걸 사무라이들이 빼앗아 달아나 버린 겁니다. 이 사건을 보고받은 사이고는 혼잣말로 이렇게 중얼거 렸다고 하지요. "일이 이렇게 엉망이 되는 구나"라고요.

이제 물은 엎질러졌습니다. 정부군은 정부군 탄약을 훔쳐 간 사 무라이들을 처벌하기 위해 군사를 이끌고 가고시마로 올 것이고, 사 이고는 자기 밑의 사무라이들이 체포되어 끌려가는 것을 볼 수만은 없게 된 것입니다. 결국 1877년, 사이고는 먼저 정부군과 전쟁을 선포합니다. 바로 '마지막 사무라이들의 항쟁'인 '서남전쟁西南戰爭'의 시작입니다. 영화 〈라스트 사무라이〉에 나오는 마지막 전투 장면이 바로 이것입니다. 사이고의 고향 친구, 죽마고우인 도쿄의 오쿠보 도시미치는 힘든 결정을 내려야 했어요. '정부냐, 아니면 친구냐.' 결국 정부를 지키기 위해 오쿠보는 사이고와의 전쟁을 결심합니다.

전쟁은 6개월간 규슈 일대 전체에서 치열하게 벌어집니다. 칼을 든 사무라이들과 총과 대포로 무장한 농민 출신 정규군. 사무라이들이 아무리 전투의 신이고 농민 출신 정부군이 아무리 무능하다고 해도 칼과 총의 싸움에서 칼이 이길 수는 없었어요. 사무라이들은 거의 전멸했고 사이고는 남은 400명의 사무라이들과 함께 산속에 들어가 치열한 항쟁을 벌입니다. 그러나 1877년 9월 24일, 몰려오는 정부군의 공격 속에서 사이고는 총에 맞고 맙니다. 자신의 죽음을 감지한 사이고는 옆에 있던 부하에게 자신의 목을 쳐 달라는 마지막 부탁을 합니다. 부하는 눈물을 흘리며 사이고의 목을 칩니다. 정부군의 포로가 되느니 사무라이답게 명예로운 죽음을 택한 겁니다. 라스트 사무라이가 사라지는 순간이었습니다. 그의 나이 49세였습니다. 사이고와 그의 마지막 사무라이 부대가 전멸하면서 일본 역사에서 사무라이는 사라집니다.

사이고 다카모리
그리고 정한론

어찌 보면 가장 친한 친구이자, 같이 막부 타도를 외쳤던 동지의 손에 삶을 마감한 사이고는 메이지 신정부 입장에선 '역적'이었습니다. 맞지요, 메이지 정부군에 맞서 싸웠으니까요. 하지만 당시 메이지 일왕도 사이고의 죽음을 원통해 할 정도로, 사이고 다카모리는 사상과 이념을 떠나 전 일본인, 나아가 일본의 전통을 지키려고 했던 진짜 일본인이었어요. 영화 〈라스트 사무라이〉에서도 그를 연기한 와타나베 켄이 이런 말을 하지요. "이것이 우리 일본인의 삶이고 전통이며 우리가 지금까지 살아온 방식"이라고요. 그리고 그걸 지키는 것이 일본인의 의무라고 말합니다. '역적' 사이고는 메이지 정부가 들어서고 얼마 후에 사면이 됩니다. 그리고 지금 당당하게 도쿄 수도 한복판에 동상으로 서 있지요.

그러나 우리 입장에선 사이고를 그리 고운 눈으로 바라볼 수만은 없습니다. 바로 그가 주장한 '정한론征韓論' 때문입니다. 말 그대로 '한국(마한, 변한, 진한), 즉 한반도를 정벌하자는 주장'이었습니다. 자기들 사무라이의 불만을 다른 곳으로 폭발시키기 위해 270년간 평화를 유지했던 조선을 침공한다는 무모한 발상을 했고 실제 추진했습니다. 그 당시는 당장 실천이 안됐지만 사이고가 죽고 30여 년 후 실제로 일본은 조선을 강제 병합해 버립니다. 어찌 보면 사이고의 꿈이 실현된 것이지요. 일본인들에게는 영웅이지만 우리에겐 침략의 원흉

〈정한논의도〉, 스즈키 토시모토, 1877
메이지 정부(왼쪽)와 사이고 다카모리(중앙 오른쪽)가 정한을 논의하는 모습

이 될 수 있는 이중적인 인물, 사이고 다카모리. 일본인들뿐 아니라 우
리도 반드시 기억해야 할 인물입니다. 영화 〈라스트 사무라이〉를 '잘
만들어진 명작'으로만 바라볼 수 없는 이유입니다.

6짱

광 해

조선시대 역사 속
광 해 의
진 짜 모 습

SYNOPSIS

『승정원일기』 속 사라진 15일간의 기록에서 아이디어를 얻어 만들어진 영화 〈광해, 왕이 된 남자〉. 과연 광해군은 '백성을 사랑하는 성군'이었을까? 아니었다면, 실제 역사 속 광해군은 어떤 사람이었고 어떤 삶을 살았을까? 역사적 팩트체크를 통해 광해군의 '진짜' 모습을 알아보자!

NO. 6

광해, 왕이 된 남자

Masquerade, 2012

감독	추창민
주연	이병헌, 류승룡, 한효주

영화 〈광해, 왕이 된 남자〉를 보고 많은 이들이 "광해군은 정말 멋진 사람이다"라는 말들을 했어요. '가짜 광해'가 백성들을 위해 "내 비록 빌어먹고 도둑질을 하는 일이 있어도, 난 내 백성들의 목숨이 더 중요하오!"라고 외치는 장면에선 많은 이들이 눈물까지 흘렸지요. 그러면서 광해군은 정말 불쌍한 왕이었다, 억울하게 쫓겨난 왕이다, 심지어 존경한다는 말까지 나왔어요. 이것이 영화의 힘이자 또한 영화의 무서운 점입니다. 왜냐고요? 역사를 정확하게 알지 못하면 영화에서 묘사된 광해군이 실제 역사 속의 '폭군' 광해군의 본모습인 줄로 착각하게 되기 때문입니다. 아니, 그럼 영화 〈광해, 왕이 된 남자〉 속의 광해군은 본모습이 아니란 말입니까? 예, 아닙니다.

일단 이 영화가 만들어지게 된 배경은 다음과 같아요. 『승정원

『승정원일기』,
18세기-19세기, 규장각

일기『承政院日記』란 것이 있습니다. 승정원은 오늘로 치면 대통령 비서실 정도가 되는 기관이고, 승정원일기는 그곳에서 왕에 관한 일들을 기록한 겁니다. 그런데 광해군의 승정원일기를 보면 15일간의 기록이 사라진 부분이 있어요. 왜 기록이 사라졌는지는 정확히 이유를 알 순 없으나 영화 제작진이 '어? 이걸 소재로 영화 한번 만들어 볼까?'해서 만들어진 것이 영화 〈광해, 왕이 된 남자〉랍니다. 제작진은 그 15일간의 공백에 상상의 스토리를 끼워 넣었습니다. 당시 광해군이 반대파에 의해 목숨을 위협받는 상황에서 갑자기 쓰러지기까지 하자 도승지(비서실장)가 광해와 똑같이 생긴 대역(이병헌)을 찾아 15일간 왕 역할을 시켰다는 상상을요.

영화는 영화일 뿐입니다. 역사 속 광해군은 영화에서처럼 '백성을 사랑하는 성군'이 아니었습니다. 자신의 권력에 도전하는 모든 이들을 다 무지막지한 고문 끝에 죽여 버렸고 또 방대한 토목공사로 백성들을 괴롭혔던 왕이었어요. 한마디로 '쫓겨날 짓을 한 왕'이었습니다. 이제부터 진짜 광해군은 어떤 왕이었나 함께 알아보실까요?

임진왜란으로 얼떨결에 세자가 된 광해군

광해군의 아빠이자 임진왜란 때 도망 다니기 바빴던 선조宣祖는 정부인(본 와이프, 중전이라고 불리던) 사이에서 아이를 낳지 못했어요. 그래서 여러 후궁을 뒀는데 그중 공빈 김씨恭嬪金氏 사이에서 두 아들이 태어났습니다. 첫째는 임해군臨海君, 둘째가 바로 광해군光海君이었어요. 원래 광해군은 왕은커녕 세자 후보에도 못 오를 위치였습니다. 어머니가 왕의 정실부인도 아닌 후궁이었기 때문에 '적자(정실부인에게서 태어난)'도 아닌 서자였고, 게다가 첫째도 아닌 둘째였기 때문입니다.

그런데 갑자기 임진왜란이 터져 버립니다. 유사시 선조 다음 왕, 즉 세자가 누가 될지 빨리 정해야 하는 일이 생긴 겁니다. 일단 후보는 임해군이었지만, 문제는 임해군은 오늘날에도 프로파일러들이 '사이코'의 예로 연구할 정도로 망나니였어요. 심심해서 사람을 때려죽일 정도였으니까요. 그럼 다음 선택은? 어쩔 수 없이 광해군이었습니다. 부산에 상륙한 왜군이 한양으로 밀려오는 급박한 상황에서 선조는 서둘러 광해군을 세자로 책봉(세자 타이틀을 주는 것)하고 북으로 도주하기 시작했어요. 그리하여 조선 역사상 처음으로 서자 출신이 세자가 되었답니다.

선조가 압록강 쪽으로 도망갈 때 세자 광해군은 '분조分朝'를 이끕니다. 분조란 조정을 둘로 나눠서 왕이 제1 정부, 세자가 제2 정부

<필자미상 평양성탈환도>, 작자 미상, 조선, 국립중앙박물관

를 이끄는 것을 말해요. 광해군은 분조를 이끌면서 전쟁터 곳곳을 누벼요. 세자가 목숨 걸고 전투를 벌이는 것을 본 백성들은 "그래, 세자께서도 저리 멋진 모습을 보이시는데 우리도 한번 해 보자!"라고 결의를 다지며 의병에 지원했어요. 세자 광해군은 점점 전쟁 영웅이 되어 갔답니다. 그런 반면에 선조는? '나라를 버리고 도망간 못난 왕'으로 이미지가 추락했지요. 선조는 슬슬 아들 광해군에게 극도의 질투를 느낍니다.

불안불안한
세자 자리

　임진왜란이 끝났어요. 전쟁 때문에 어쩔 수 없이 광해군을 세자로 만들었지만, 전쟁이 끝나고 나니 선조는 광해군이 세자 자리에 앉아 있는 꼴을 볼 수 없었어요. '저 자식을 세자 자리에서 끌어내릴 방법이 없을까?' 고민하던 차에 중국 명나라에서 갑자기 "광해군을 세자로 인정할 수 없다!"는 통보를 받습니다. 엥? 전쟁 중에는 "세자가 정말 능력이 뛰어나다"고 극찬까지 했던 명나라가 왜 갑자기

"광해군 불가!"를 외치기 시작했을까요?

당시 중국 상황이 좀 복잡했습니다. 명나라 황제는 만력제萬曆帝란 인물이었어요. 만력제도 조선의 선조와 같이 정실부인과의 사이에서 아들을 못 낳았답니다. 그래서 후궁을 여럿 두었고 아들도 여럿 만들었어요. 문제는 이 만력제가 후궁들이 낳은 아들 중 첫째 즉, 장남에겐

만력제 좌상, 작자 미상,
명나라 시기

별 관심이 없고 셋째를 너무 편애했다는 겁니다. 그리고 셋째를 다음 황제로 만들겠다는 마음을 먹었어요. 여기에 명나라 신하들이 들고 일어난 겁니다. "후궁이 낳은 아들이지만 장남이 다음 황제가 되어야 합니다! 어찌 셋째를 황제로 만든단 말입니까?"라고 외치면서요.

여기서 명나라 신하들이 걱정거리가 하나 생깁니다. 바로 조선의 세자 광해군도 첫째가 아니라 둘째잖아요. 만일 광해군이 왕이 되어 버리면 만력제 황제가 "봐라. 조선도 장남이 아니라 둘째가 왕이 됐잖아. 우리 명나라도 굳이 장남을 고집할 필요가 있을까?"라는 소리를 할 가능성이 있었던 겁니다. 그래서 명나라 조정에서 조선에게 "둘째는 세자가 될 수 없다! 광해군 세자 반대!"를 외친 겁니다.

이유야 무엇이든 선조는 속으로 킬킬 웃었을 겁니다. 중국에서 알아서 광해군을 쫓아낼 명분을 줬으니까요. 선조는 "아들아, 난 널 다음 왕으로 만들고 싶은데 말이야. 중국 형님들이 너 싫다고 하네. 그냥 물러나라"라고 할 작정이었어요. 실제로 세자 광해군이 아침에 문안 인사를 드리러 오면 "중국에서도 인정 안 하는 세자가 무슨 세자

야! 그냥 가라고 해!"라며 돌려보냈답니다. 광해군은 속에서 얼마나 피눈물이 났을까요?

선조, 갑자기 사망하다

그런 가운데 선조는 새장가를 가는 '만행'을 저지릅니다. 아이를 낳지 못하던 선조의 정실부인이 임진왜란이 끝나고 죽어 버렸어요. 선조는 이에 새 정실부인을 얻었는데 나이가 17살이었어요. 선조는? 51살! 도둑놈이었습니다. 이 여인이 바로 인목왕후 김씨仁穆王后金氏란 여인이었습니다. 광해군 입장에선 정말 난감한 상황이었답니다. 일단 새엄마가 자기보다 훨씬 어렸어요. 그리고 이 새엄마는 정실부인이잖아요. 만일 새엄마가 아들이라도 낳는다면 그 아들은 선조의 '적자'가 되는 겁니다! 서자 출신인 자기보다 훨씬 다음 왕이 될 정통성이 생긴다는 것이죠. 명나라에서 반대하지요, 아빠는 자기를 극도로 질투하지요, 새로 중전마마까지 생겼

인목황후가 쓴 글씨, 인목황후,
국립중앙박물관, 조선시대

지요. 광해군은 사방이 다 적이 된 겁니다.

그런 가운데 우려했던 일이 생겨요. 새엄마 인목왕후가 아들을 낳은 겁니다! 바로 영창대군永昌大君이었어요. 참, 왕의 후궁이 낳은 서자는 '군'이 붙고요, 중전이 낳은 적자는 '대군'이 붙습니다. 하여간 광해군 일생 최대의 위기가 온 겁니다. 선조가 앞으로 10년만 더 살면, 그때 가서 광해군에서 영창대군으로 충분히 '세자 갈아타기'를 할 수 있었던 겁니다.

그런데 영창대군이 태어난 지 얼마 되지 않아 선조가 갑자기 죽어 버립니다! 왕이 된 지 41년째 되던 해였습니다. 왕 오래 했지요. 선조는 죽을 때 "형제간에 싸우지 마라"라는 유언을 남겼어요. 자기도 알았겠지요. 광해군이 왕이 되면 어린 배다른 동생인 영창대군을 가만 놔두지 않을 것이란 걸요. 광해군은 드디어 조선의 왕이 되었습니다. 세자 시절만 무려 16년이었어요. 16년간 가시방석 위에 앉아 아슬아슬 줄타기를 했지요. 언제 쫓겨나도 이상할 것이 없었던 불안한 세자 자리였습니다.

광해군, 친형을 죽이다

왕이 된 광해군. 잠재적으로 자신의 권력에 위협이 될 만한 존재들을 하나씩 죽이기 시작합니다. 첫 타깃은 자신의 친형, 임해군이었습니다. 갑자기 '출처'를 알 수 없는 정보가 들어와요. 임해군이 역모를 준비하고 있다는 정보가요. 처음에는 "우리 형은 그럴 리 없다"라고 부인하던 광해군이 갑자기 철저히 조사하라는 명령을 내립니다. 임해군이 정말로 역모를 꾸몄는지는 알 수 없어요. 하지만 여기서 임해군은 결정적 실수를 합니다. 이럴 때일수록 "난 무죄다, 동생아!"라고 적극적으로 변명해야 하는데 밤에 몰래 여장을 하고 도망가다 붙잡히고 만 겁니다.

임해군 이진의 졸기, 『광해군일기』
1609년 4월 29일
임해군이 죽은 이유에 대해 밝히고 있다.

그런데 마침 또 다른 반전이 생깁니다. 광해군이 왕이 되었다는 걸 명나라에 알리러 조선 사신이 중국에 갔었어요. 명나라 조정에선 격노합니다. "아니! 광해군이 세자 노릇을 하는 거, 우리 명나라가 분명히 반대했는데. 기어이 왕 자리에 앉혀?" 그때 당황한 조선 사신은 거짓말을 합니다. "임해군이 몸이 아파서 왕 못하겠다고 합니다"라고요. 그 말을 믿을 수 없었던 명나라 조정은 직접 확인해 본다고 사신을 조선에 보냅니다. 조선은 큰일 난 겁니다. 임해군은 이미 역모죄로 끌려 들어온 상태였기 때문이지요. 조선 조정은 국제 사기극을 꾸미기로 합니다.

이미 끌고 왔던 임해군에게 연기를 시킵니다. 명나라 사신이 와서 "정말로 왕 자리를 양보했냐?"라고 물으면 "그렇다" 대답하라고 압력을 넣은 겁니다. 그런데 명나라 사신이 직접 임해군을 면담했을 때 연기가 엉망이었어요. 명의 사신은 '이거 뭔가 이상한데' 의심하게 되지요. 이에 당황한 조선 조정은 엄청난 양의 뇌물을 명의 사신에게 먹인 후 입막음을 해 버려요. 명의 사신이 돌아간 다음 임해군은 다시 강화도 교동도에 유배 보내집니다. 그리고 그곳에서 유배 관리인에게 목 졸림 당해 억울한 생을 마감합니다. 광해군은 자기 친형을 죽인 겁니다. 잠재적인 정치적 라이벌이었기 때문이지요.

어린 영창대군도 죽이는 광해군

이제 다음 타깃은 배다른 동생 영창대군이었습니다. 아빠 선조가 10년만 더 살았어도 왕 자리를 빼앗아 갔을 뻔한 '못된' 동생이었지요. 자, 광해군은 어떤 방법으로 동생 영창을 죽일까요? 일단 시작은 괴상한 사건으로부터 발생합니다. 광해군 5년에 문경 새재 고개에서 살인강도 사건이 하나 발생했어요. 괴한들이 고개를 넘던 상인을 습격해 살해하고 은 백 냥을 훔친 일이 발생합니다. 다행히 범인들은 다 검거가 됐는데 잡고 보니 이 범인들이 다 당시 조선에서 방귀 좀 뀐다는 집안의 '서자'들 아니겠습니까? 당시 영의정의 서자도 포함되어 있었어요. 이들은 "서자는 서자라는 이유로 출세도 못 하고 대접도 못 받는 이 더러운 세상! 뒤집어엎자!"라는 생각에 집단생활을 하며 '쿠데타'를 모의했다는 겁니다. 그 거사를 준비하기 위해 돈이 필요했고 그래서 살인 강도질을 했다고 말했죠. 이를 '7명의 서자 역모 사건'이라 합니다.

이들은 잡혀 와 혹독한 고문을 받습니다. 당연하지요. 궁궐을 공격해 왕을 쫓아내고 자기들의 정권을 세운다가 목표였으니까요. 그들의 두목 격인 '서양갑徐羊甲'이 특히 혹독한 고문을 받습니다. "진짜 배후는 누군가? 빨리 불어!"라는 고문이었죠. 처음에는 끝까지 실토하지 않던 서양갑. 그러나 고문과 매타작으로 형과 어머니가 죽자, 모든 것을 다 체념한 후 엄청난 폭탄 발언 하나를 합니다. "내가 그냥 죽진 않는다. 내가 조선을 뒤흔들어 놓고 죽겠다"란 말과 함께요. 바로 "이 모든 역모의 주범은 '김제남金悌男'이다"라고 발언한 겁니다! 김제남이 누구냐고요? 인목왕후의 아버지이자, 영창대군의 할아버지 되는 사람입니다. 엥? 영창대군 할아버지가 역모를? 아무리 봐도 모든 것이 광해군이 몰래 짠 계략일 가능성이 높아 보이죠? 김제남은 바로 끌려가 사약을 받습니다.

그리고 영창대군을 어머니 인목왕후의 품에서 강제로 끌고 나와 강화도에 유배를 보내 버립니다. 그때 영창대군의 나이 겨우 9살이었습니다. 강화도에 유배 보내진 영창, 관리인들은 밥을 끊어 버립니다. 어린애를 굶긴 것이죠. 그리고 방문을 잠가 버리고 밤낮으로 바닥에 불을 땝니다. 뜨거운 바닥에서 발을 동동거리던 어린 영창은 기운이 다 빠져 버려 그 짧은 생을 마감합니다. 이 소식은 광해의 귀에도 들어갑니다. 그때 광해의 반응은 "대군의 예로 장례를 치러 줘라"

였다고 해요. 친형을 죽인 것도 모자라, 이제 배다른 어린 동생까지 죽여 버린 겁니다.

🎥 영화 속 도승지 허균(류승룡)은 실제로 훌륭한 인물이었나?

이제 다음 차례는 죽은 영창대군의 엄마, 인목왕후 김씨였어요. 인목왕후는 어린 아들이 밥도 못 먹고 방에서 쪄 죽었다는 소식을 듣고 피눈물을 흘렸습니다. '친정아버지를 사약으로 억울하게 죽인 것도 모자라 금쪽같은 아들을 쪄 죽여?' 인목왕후는 속으로 다짐합니다. '주상, 네 이놈. 내가 네 살을 씹어 먹으리라!'고요. 실제로 나중에 광해군이 왕 자리에서 쫓겨난 후 인목왕후는 "광해군의 살을 씹어 먹을 테니 목을 쳐 와라"라는 명령을 합니다. 그러나 그건 나중에 광해군이 쫓겨난 후의 일이고, 지금은 광해군의 복수 타임입니다. 광해군은 새엄마 인목왕후를 폐모廢母할 계획을 세웁니다. 즉, 어미로 인정하지 못하겠다는 거였어요. 명분은 "역적(영창대군)의 어미를 어찌 국모로 섬길 수가 있는가!"였지요.

왕후를 왕후의 자리에서 끌고 내려오는 데 가장 적극적으로 목소리를 낸 인물이 바로 허균許筠이랍니다. 맞아요. 〈홍길동전洪吉童傳〉을 쓴 것으로 알려진 그 사람 맞습니다. 누나가 그 유명한 여류 시인 허난설헌許蘭雪軒이지요. 영화에선 허균이 '도승지都承旨, 대통령 비서실장'로 나오는데

- 강화부사 정항이 영창대군 이의를 살해하다, 『광해군일기』, 1614년 2월 10일, 규장각
- • 경기도 안성 칠장사 경내 풍경, 한국민족문화대백과사전
  인목왕후가 친정아버지(김제남)와 아들(영창대군)의 명복을 빌기 위해 사용한 사찰

- 허균 초상화, 작자 미상, 허난설헌 생가
- 『홍길동전』, 허균, 하버드 옌칭도서관

그건 일단 허구입니다. 실제로 역사 속 허균은 도승지의 '도' 자도 한 적이 없습니다. 그러면 허균은 영화 속처럼 광해군의 총애를 받았느냐? 그런 것도 아닙니다. 이 영화 〈광해〉에서 가장 역사적 왜곡이 심한 부분이 바로 '허균' 부분이랍니다.

실제 역사에서의 허균은 '7명의 서자 역모 사건'에 연루돼요. 역모 사건의 주동자들과 허균이 친하다는 것이 드러난 겁니다. 물론 허균이 역모에 직접 가담했다는 증거는 나오지 않았지만요. 허균 입장에선 '왕이 나도 의심할 수 있다. 왕에게 잘 보이기 위해 뭔가 강한, 화끈한 한방이 필요하다'고 느꼈을 겁니다. 그래서 적극적으로 들고나

온 것이 '인목왕후 폐비론'입니다. 어차피 왕이 원하는 것은 그것일 것이고, 적극적으로 목소리를 내면 자기를 이뻐해줄 것이라 생각한 것이죠.

그런데 세상 모든 일이 다 '너무 과하면 부작용이 있다'란 진리가 통해요. 허균은 너무 오버해 버립니다. 인목왕후를 암살하려고 여러 번 시도하고, 또 오랑캐가 곧 조선을 침공한다는 둥 말도 안 되는 헛소문을 퍼뜨려요. 가뜩이나 허균의 행동을 우려스러운 눈초리로 보던 당시 집권 세력은 '쟤, 안 되겠다. 날려 버리자'는 결심을 합니다. 그리고 광해군에게 '허균이 역모를 꾸민다'고 보고해요. 결과는? 광해군은 허균에 대한 재판과 심문 따위는 다 생략하고 바로 저잣거리에서 허균을 죽입니다. 그것도 사지를 찢어 죽이는 거열형으로요. 물론 광해군은 허균을 갑자기 죽여 버린 것을 후회했다곤 합니다. 하여간 영화와는 많이 다르죠?

무당에 빠져 무너지는 광해군

왕 자리에 오르기 전부터 마음고생이 심했던 광해군은 불안한 마음을 다스리기 위해 무당과 미신에 상당히 의존했어요. 어려운 일이 있을 때마다 점쟁이를 찾아가 점도 보고 그 점괘에 따라 결정을 내리기도 했지요. 그런데 그 무당들이 광해군에게 "왕권을 강화

서울 종로구에 위치한 창덕궁 전경

하기 위해선 새로운 궁궐이 필요합니다"라는 말을 한 겁니다! 그 말을 덜컥 믿어 버린 광해군은 창덕궁昌德宮, 창경궁昌慶宮, 경운궁慶運宮(지금의 덕수궁德壽宮)을 엄청나게 규모를 키워 다시 만들라고 명을 내립니다. 당연히 새 건물의 터, 위치 등은 풍수 전문가들을 불러 정했고요. 이것이 광해군의 가장 큰 잘못 중 하나가 되는 '무리한 궁궐 건설'이랍니다.

이때가 어느 때입니까? 임진왜란이 끝난 지 얼마 되지 않아서 힘든 시절 아닙니까? 그런데도 궁 하나가 아니라, 여러 곳을 동시에

건축한다고 하니 백성들은 피눈물이 났을 겁니다. 그런데 막상 궁 건축에 들어가니 돈이 모자라네? 그래서 조정은 '공명첩空名帖'을 팔기 시작했어요. 공명첩은 돈 받고 벼슬을 파는 증명서였어요. 돈 좀 있는 상인, 일반 평민들이 너도나도 돈을 주고 벼슬을 사기 시작하니 나라 꼴이 제대로였겠습니까?

날이 갈수록 광해군의 판단력은 점점 흐려졌어요. 심지어는 역모 계획이 계속 발각되어 광해군에게 보고까지 올라갔는데도 '그럴 리 없다'며 무시해 버렸답니다. 반정 세력들은 그런 광해군의 판단 미스를 놓치지 않았어요. 그러다가 진짜 1623년, 광해가 왕이 된 지 15년에 능양군綾陽君, 김류金瑬, 이귀李貴 등의 반정 세력이 광해군을 몰아내고 쿠데타를 성공시킵니다. 바로 '인조반정仁祖反正'이지요. 전날 술을 마시고 거나하게 쉬고 있던 광해군은 반정 소식을 듣고 급하게 궁궐 담을 넘고 숨어 있다 반정군에게 체포됩니다.

🎥 그나마 빛나는 광해군의 중립 외교

광해군 당시 명나라는 '희대의 암군' 만력제가 황제를 하던 시절이었는데 이 만력제는 무려 30년 동안 '황제 파업'을 한 엽기적인 인물이었어요. 정말 파업이었답니다. 30년 동안 국정을 단 일 초도 안 돌봤어요. 명나라는 이 만력제 이후 급속도로 몰락합니다. 그런

누르하치의 초상, 작자 미상, 베이징 고궁 박물관, 17세기

와중에 만주 지역에서는 여진족이 슬슬 하나로 뭉치면서 거대한 세력으로 성장해요. 지도자 '누르하치'의 영도하에 아예 '후금後金'이란 나라까지 세워요. 어느 정도로 힘이 강해졌냐면 누르하치가 임진왜란 때 조선에게 원군 파병까지 제안합니다. "어이, 조선. 힘들지? 우리 후금이 한 2만 명 원군 보내줄까?"라고요. 물론 조선은 "오랑캐들이 헛소리하고 있네"라며 무시했지만요.

그러나 여진족이 세운 후금이란 나라는 예전의 여진족 집단이 아니었습니다. 중원의 패자 명나라까지 위협할 정도의 강대국으로 성장했던 것이죠. 당황한 명나라는 이번엔 반대로 조선에게 원군을 요청했어요. 원군 요청을 받은 조선 조정은 "당연히 보내드려야죠. 임진왜란 때 명나라 없었으면 조선은 지도에서 지워졌을 것인데 당연히 은혜 갚아야죠"라는 분위기였답니다. 이런 분위기에 광해는 브레이크를 걸어요.

광해는 임진왜란 당시 전쟁터를 누비고 다니면서 백성들과 병사들이 죽어 나가는 것을 눈으로 직접 목격한, 전쟁이 얼마나 참혹한지 직접 경험했던 사람이었어요. 정말로 조선이 또 다른 전쟁에 휘말리는 것만큼은 막아야 한다고 생각했지요. 그래서 택한 것이 '중립외교中立外交'였습니다. 명나라를 지원하는 원군을 보내는 동시에 후금에도 연락을 합니다. "지금 실질적으로 명나라를 지원 안 할 수가 없다. 그렇다고 후금과 원수도 되기 싫다"라고요. 그리고 명나라를 도우러 떠나는 조선 원군 사령관에게 몰래 명령을 내려요. "가서 싸우되, 적극적으로 싸우지 말고 뒤에서 싸우는 척하라"라고요. 실제로 당시 조선 지원군을 지휘했던 강홍립姜弘立이란 장군은 어느 정도 싸우는 척하다가 후금군에게 투항해 버립니다.

광해는 성리학에 세뇌당한 기존의 조선 사대부와는 생각이 아주 다른 현실적인 왕이었어요. 그 점은 우리가 높이 평가해야 합니다. 물론 '중국에 사대를 안 하고 오랑캐와 손잡은 오랑캐 왕'이란 불만을 받다가 결국 그것이 명분이 되어 왕 자리에서 쫓겨나지만요. 당시 사대부들은 실제로 이런 말까지 했어요. "조선이 명나라를 도와 싸우다 죽는 한이 있어도 오랑캐 여진족과는 손을 잡을 수 없다." 즉, 중국을 위해서라면 나라가 망해도 괜찮다는 거였죠. 미친 것이죠.

역사적 사건을 영화로 만들 때 신중해야 하는 이유

　　광해는 불쌍한 왕이었어요. 원래 세자가 될 수 없었던 위치에서 갑자기 얼떨결에 세자가 되고, 그 이후 16년 동안 불안불안한 가시방석 위에서 세자 생활을 했고, 또 최대의 정치 라이벌 영창대군의 등장으로 정말 세자 자리에서 쫓겨나기 직전까지 갔어요. 그 트라우마와 노이로제, 공포감, 자격지심, 충분히 이해를 해요. 하지만 그렇다고 해서 자기 친형을 목 졸라 죽이고, 배다른 어린 동생을 방에 가둬 두고 쪄 죽이고, 새엄마를 방에 수년 동안 가둬 버리고, 또 그런 불안한 마음을 달래기 위해 미신과 무당의 말에 의지해서 무리한 궁궐의 공사를 강행한 탓에 가뜩이나 임진왜란으로 지칠 대로 지친 백성들의 고혈을 빨아먹은 것은 비난받아 마땅해요. 즉, 결과적으로 '쫓겨날 짓'을 한 겁니다.

　　역사적 사건을 그린 영화는 만들 때 상당히 신중해야 합니다. 왜? 일반 관객들이 그 역사극을 원래 있었던 '정사'로 받아들일 확률이 높기 때문이지요. 그리고 한번 그렇게 생긴 고정관념은 웬만해서는 잘 바뀌지 않아요. 영화 〈광해, 왕이 된 남자〉는 '창작 스토리'로선 상당히 잘 만든 수작입니다. 하지만 실제 인조반정으로 쫓겨난 실제 광해군과는 혼동해서는 안 될 것입니다. 안타까워요. 영화처럼 광해군이 정말로 백성을 위한, 백성만을 사랑했던 왕이었다면 우리 역사는 어떻게 바뀌었을까, 하는 아쉬움이 있어요. 사방에 적만 없었다면,

아버지 선조의 질투만 없었다면, 그래서 트라우마가 없는 젊은이로 온전히 컸다면, 우리 역사는 많이 달라졌을 겁니다.

7장

중경삼림

홍콩의 역사와
반환의 때,
연인들로
이야기하다

SYNOPSIS

1994년에 만들어진 홍콩 옴니버스 영화로, 두 커플의 이야기를 통해 반환 직전 홍콩인의 혼란과 바람을 그려낸 작품 〈중경삼림〉. 왜 홍콩은 영국의 식민지가 되었고 1997년 중국에 반환되었을까? 차^{Tea}의 역사와 아편전쟁, 홍콩 영화 속에 녹아든 홍콩의 마음까지 이해해 본다!

NO. 7

중경삼림

重慶森林, Chungking Express, 1994

감독	왕가위
주연	임청하, 금성무, 양조위, 왕페이

〈중경삼림〉은 두 개의 스토리가 하나의 영화에 들어간 옴니버스 영화입니다. 두 커플, 네 명의 주인공이 등장해요. 금발 머리 마약 밀매상 임청하와 그녀와 사랑에 빠지는 홍콩 경찰 금성무, 이렇게 한 커플. 떠난 애인을 잊지 못하는 홍콩 경찰 양조위와 그를 사랑하게 되는 샌드위치 가게 아르바이트생 왕페이, 이렇게 한 커플이요.

　이 영화가 만들어진 1994년은 홍콩 역사에서 아주 큰 의미를 가집니다. 1842년부터 영국의 식민지가 된 홍콩. 약 120년의 시간이 흐른 후 홍콩은 이 영화가 만들어지고 3년 후인 1997년 7월 1일, 중국에 반환되었으니까요. 12년도 아니라 무려 120년 동안 '거의 영국인'으로 살았던 홍콩인들은 반환 시간이 다가오자 어떤 기분이 들었을까요? 한마디로 '정체성 혼란'이었답니다. '내가 영국인인지, 홍콩인인지, 아니면 중국인인지'란 혼란 말입니다. 생각해 보세요. 1842년이면 우리 역사에선 조선 철종 때인데, 예를 들어 부산이 조선 철종 때 프랑스(예를 들어) 식민지가 된 후 120년의 시간이 흘렀다면 부산 주민들은 자기를 누구라고 생각했을까요?

영화 〈중경삼림〉은 당시 홍콩인들이 겪었던 이런 갈등을 표현한 영화입니다. 이 영화엔 금성무가 한 유명한 대사가 있지요. "사랑엔 유통 기한이 없었으면 한다." 이 대사는 아주 큰 의미를 담고 있어요. 홍콩이 반환되는 '유통 기한'이 없었으면 좋겠다는 홍콩인들의 바람이 담긴 대사지요. 또 경찰관 양조위의 옛 애인은 여객기 승무원이었습니다. 그리고 주제가는 'California Dreamin'(캘리포니아를 꿈꾸며)'이지요. 양조위를 좋아하는 샌드위치 가게 알바생 왕페이도 결국 항공기 승무원이 되어 나타납니다. 그건 무얼 의미하냐? 바로 '홍콩을 떠나고 싶다'는 것을 보여준답니다. 홍콩이 아니라 비행기를 타고 캘리포니아로 떠나고 싶다는 것을 보여주는 상징인 것이죠.

아, 참. 영화 제목이 왜 '중경삼림'이냐고요? 중국 대륙에 있는 중경이란 도시와 관계있냐고요? 아닙니다. 이 영화의 배경이 되는 건물, 영화 맨 처음 임청하가 인도계 마약 밀매상과 총격전을 벌이는 주상복합 건물 기억

마마스 앤 파파스의 California Dreamin'
(캘리포니아를 꿈꾸며) 레코드판

나시죠? 그 건물 이름이 '중경맨션'이에요. '중경삼림重慶森林'은 중경 빌딩 숲, 즉 그 주상복합 건물 주변 도시라는 뜻이에요. 그래서 영화 제목이 중경삼림이랍니다. 중국 본토의 도시 중경과는 아무 관계가 없어요.

자, 그럼 이 모든 홍콩인들의 정체성 혼란의 시작인 '홍콩의 영국 식민지화'는 어떻게 시작되었을까요? 중국은 무엇을 잘못했길래 홍콩 땅을 영국에게 무려 120년 동안이나 빼앗겼을까요? 지금부터 하나하나 알아봅시다.

중국, 외국과 무역 따위는 신경도 안 쓰다

중국은 명나라 때부터 철저한 쇄국 정책을 썼어요. 쇄국 정책이란 나라 국경을 막아 버리고 외국과 거래 따위는 안 하는 정책이랍니다. 왜? 자급자족이 가능하다고 믿었고, '세상의 중심'인 중국이 자존심 상하게 바깥의 '천한 세상'과 물건을 사고파는 건 있을 수 없다고 생각했어요. 근거 없는 자신감이었지요. 그러던 중국, 청나라 때 하도 유럽 국가들이 배를 타고 와서 '거래 좀 하자' 요구하니 마지못해 몇 개의 항구를 열어줬답니다. 청나라 강희제 때인 1685년에 광저우廣州, 푸저우福州, 닝보寧波, 자싱嘉興 등의 항구를 말이지요. 그런데 1757년, 맨 밑에 있는 광저우 하나만 남기고 또 항구를 폐쇄해 버림

광저우와 홍콩의 위치를 표시한 지도

니다. 이들 항구가 수도 베이징에서 너무 가까워 서방 세력이 여차하면 수도까지 치고 올라올 수 있다는 우려 때문이었지요. 광저우는? 수도 베이징과 너무 머니까 그 정도는 봐주자, 하고 열어 둔 겁니다. 광저우가 어디 있냐고요? 홍콩 아주 근처에 있습니다. 뭔가, 홍콩에 벌써 어두운 그림자가 드리우는 것이 느껴지시나요?

광저우 한군데만 개방되다 보니 당연히 항구는 중국과 거래를 원하는 서양 상인들로 항상 바글바글했어요. 그런데 광저우에 왔다고 해서 서양 상인들이 중국과 바로 거래를 할 수 있었던 건 아니었습니다. 청나라 정부는 '직접 거래'가 아니라 '간접 거래'만 허용했어요. 그게 무슨 소리냐? 광저우에 '중간 거래상'을 둬서 서양 상인들은 그 중간 거래상을 통해서만 중국과 거래할 수 있었어요. 중국에 뭘 팔 때는 중간 거래상에게 일단 판 후 중간 거래상이 다시 중국 내륙에 서양 물건을 팔았고, 반대로 중국에서 뭘 사 갈 때도 일단 중간 거래상이 중국 내륙에서 서양 상인들이 필요한 것을 사 온 후 그걸 광저우에서 기다리고 있는 서양 상인들에게 파는 시스템이었답니다. 참으로 불합리하고 불편한 시스템이었지만 그만큼 중국 정부는 서양 상인들과 거래를 '최소화'하고 싶었던 것이죠.

차tea에 눈을 뜬 영국

　　17세기, 그러니까 1600년대 유럽은 대부분 커피를 마시던 시기였어요. 그런데 바다 건너 영국에서는 커피가 아닌 차tea가 인기를 끌기 시작했답니다. 그 이유는 크게 세 가지였어요. 첫 번째 이유는 1662년에 포르투갈의 한 공주가 영국의 왕에게 시집을 가면서 '혼수' 중 하나로 차를 가져간 것이었어요. 포르투갈에서 시집온 공주(이제는 영국 왕비)는 말도 안 통하고 친구도 없고 얼마나 외롭고 심심했겠어요. 그래서 혼자 차를 우려내 마시고 화려한 찻잔 세트로 혼자 소꿉놀이를 했어요. 그런데 그 모습을 본 영국 귀부인들이 "저거 뭐지? 우리도 좀 달라고 해서 마셔볼까? 찻잔도 죽이는데?"하고 마셔 봤다가

<에프터눈 티>, 월터 덴디 새들러, 연도 미상

그만 '뿅' 가 버리고 만 겁니다. 그리고 입소문이 나기 시작했죠. "차 마셔 봤어?"라는 소문이요.

두 번째 이유는 영국의 '커피하우스Coffee House' 문화 때문이었어요. 당시 커피를 팔던, 지금으로 치면 별다방 같은 커피하우스엔 놀랍게도 남자만 출입이 가능했답니다. 여자는 귀부인이든 평민이든 커피하우스에 들어갈 수가 없었어요. 이에 열 받은 귀부인들을 중심으로 "우리 더러워서 커피 안 마시고 커피하우스 안 간다. 그냥 우리 여인들끼리 모여서 '차'를 마시자"라는 '운동'을 벌여요. 그러면서 각종 차와 관련된 새로운 신문화를 만들었지요. 차에 우유를 넣은 밀크티, 오후에 모여 차를 마시는 모임인 '애프터눈 티afternoon tea', 차를 마시며 파티를 하는 '티 파티tea party' 등을요.

그런데 그 '차'에 대한 소문이 커피하우스의 남자들에게도 알려집니다. 사실 그 어두컴컴한 커피하우스에서 남자들만 우글거리며 앉아 있는데 자기들도 거기 있기 싫었을 겁니다. 그리고 자기들도 데이트를 좀 하고 싶은데 데이트 상대인 여인들을 만나기 위해선? 그렇죠. 여인들이 모이는 '티파티'에 남성들도 하나둘씩 몰리기 시작합니다. 그리곤 남자들도 그 신비로운 동양의 '차'에 눈을 뜨기 시작했답니다.

영국에 중국산 차가 또 퍼지게 된 계기는 또 있어요. 바로 세 번째 이유, 영국의 산업혁명이었어요. 수많은 노동자들이 도시의 공장으로 몰려들었는데, 문제는 노동자들 대부분이 술에 찌들어 살았다는 겁니다. 술에 취한 상태로 일을 제대로 했겠습니까? 못하죠. 그래

커피하우스, 작자 미상, 1690-1700, 대영박물관

서 공장주들이 "저 인간들 술을 끊게 만드는 방법이 없을까?" 고민
하다 당시 영국으로 쏟아져 들어오던 중국산 차에 눈을 돌렸어요. 맛
도 있고, 특히 안에 카페인이 들어 있어 각성 효과까지 있으니 '정신
번쩍 차리고' 일할 수 있게 공장주들이 적극적으로 노동자들에게 차
를 제공하기 시작한 겁니다. 슬슬 영국에서 중국산 차에 대한 수요가
폭발하기 시작한 것이죠.

　　당시 영국에서 소비되던 차의 대부분은 중국 남부 복건성福建省, 푸
젠성에서 재배되던 차였습니다. 왜 차가 영어로 'tea'인지 궁금하지 않
으세요? 차茶는 중국 표준어로는 'cha'로 발음하지만 남부 복건성 사
투리로는 'tea', 즉 '테'로 발음해요. 그래서 복건성 사투리 중국어인
'테'가 영어의 '티'가 된 것이랍니다. 그리고 복건성에선 두 가지 차가

생산됐어요. 우리가 흔히 알고 있는 녹차, 그리고 홍차. 그런데 영국으로 수출되는 차의 대부분은 홍차였어요. 녹차는 거의 자연 그대로의 차이기 때문에 먼 영국까지 실어 나르는 과정에서 쉽게 부패한 반면, 살짝 발효시킨 홍차는 그 먼 거리 항해에도 변질되지 않았기 때문입니다.

영국, 중국산 홍차 때문에 무역 적자에 빠지다

　　문제는 영국이 중국산 홍차에 점점 빠져들기 시작하면서 엄청난 양의 홍차를 수입해 갔는데, 딱히 중국에 영국산 제품을 팔 게 없었던 겁니다. 어느 정도였냐 하면 1780년대 영국이 중국에서 수입해 간 물품 가운데 홍차가 무려 80% 이상을 차지했어요. 거의 이 정도면 그냥 '홍차'만 수입해 간 겁니다. 무역 불균형도 이런 불균형이 없었어요. 영국 당국은 고민합니다. "이런 무역 적자를 메꿀 수 있는 뭔가 획기적인 상품이 없을까?" 그리고 내리지 말아야 할 비열한 결정을 내립니다.

　　영국은 1750년대 이미 식민지로 만든 인도에서 생산되던 아편을 떠올립니다. 그리고 그 아편을 중국에 팔자는 결정을 내려요. 왜? 중국은 이미 예전부터 아편이란 마약 때문에 국가적 문제가 될 정도로 아편이 전국적으로 소비되고 있던 상황이었습니다. 아편은 청나

18세기 아편에 중독된 중국인의 모습, 작자 미상, 청나라 후기

라 이전부터 이미 중국인들이 사용했던 마약이었어요. 기억하시죠? 임진왜란 때 조선에 원군 파병 결정을 내린 명나라 황제 만력제요? 그 만력제의 무덤에서 만력제 시신을 검사해 봤는데 상당량의 아편 성분이 검출되었답니다. 황제까지 아편을 했으니 뭐 말 다 했죠. 아편이 사회적으로 문제가 되니까 중국은 1720년대 아편 사용을 엄격하게 규제하기 시작했어요. 어떻게? 사형으로요. 아편 소굴을 몰래 운영하다 걸리면 바로 사형이었답니다. 그런데 갑자기 영국이 무역 적자를 해소한답시고 1780년대에 본격적으로 중국에 아편을 팔기 시작한 겁니다! 중국 입장에선 '이 비틀스의 선조들이 미쳤나?' 하고 생각했겠지요.

임칙서를 파견한 청나라 정부

영국이 아편을 중국에 뿌리기 시작하면서 영국의 바람대로 무역 불균형은 쉽게 고쳐졌습니다. 적자를 내던 영국은 당장 흑자를 내기 시작했어요. 그만큼 중국인들이 아편을 무지막지하게 피워댔습니다. 이런 상황을 가만히 지켜보던 중국, 드디어 칼을 뽑습니다. 1838년, 중국 청나라 정부는 '임칙서林則徐'란 사람을 '흠차대신欽差大臣, 황제의 명을 직접 수행하는 대신'으로 임

임칙서의 초상, 작자 미상,
19세기 추정

명한 후에 아편 수입의 중심지인 광저우로 내려보내요. 그리고 광저우의 영국 상인들에게 "좋은 말로 할 때 있는 아편 다 내놔" 선언합니다. 처음엔 버티면서 임칙서에게 뇌물을 주고 일을 해결하려던 영국 상인들은 임칙서가 진심이라는 걸 느끼고 가지고 있던 2만 상자가 넘는 아편을 다 넘깁니다. 그리고 임칙서는 압수한 아편을 다 광저우 앞바다에 버려 버려요!

임칙서는 광저우에 있던 모든 서양 각국 상인 대표를 다 불러 모아 앞으로 중국에 아편을 안 팔겠다는 각서를 쓰게 합니다. 임칙서의 단호함에 겁을 먹은 각국 대표단은 다 서명해요. 단 한 나라 빼고요. 이 모든 사단의 원인인 영국 대표단만은 서명을 거부합니다. 당시 영국 상인들을 대표하던 대표부 담당관 '찰스 엘리엇Charles Elliot'이 영국

상인들을 협박합니다. "너희들은 대영제국의 상인으로서 자존심도 없냐? 중국에 굴복하고 싶냐?"라고요. 자, 이런 상황에서 임칙서는 영국 상인들을 어떻게 했을까요? 광저우에서 싹 다 추방해 버립니다.

광저우에서 쫓겨난 영국 상인들과 상인 대표 찰스 엘리엇은 갈 곳이 없었어요. 너무 급작스럽게 쫓겨나서요. 그래서 여기저기 방황하다 어쩔 수 없이 광저우 앞바다에 있는 한 '돌섬'에 들어갑니다. 그 돌섬이 바로 지금의 '홍콩香港'이랍니다. 홍콩이 섬이냐고요? 예, 지금도 홍콩은 섬입니다.

아편 때문에 전쟁을 일으킨 영국

광저우에서 자국 상인들이 쫓겨났다는 소식을 들은 영국 정부. 자신들의 '심혈을' 기울여 만든 수출품인 아편이 다 바다에 버려졌다는 소식을 듣고 '복수'를 결심합니다. 중국을 무력으로 침공하기로 결정한 것이지요. 그리고 결국 1840년 6월 15일, 영국 함대가 광저우 앞바다에 등장하면서 그 악명 높은 '아편전쟁阿片戰爭, Opium Wars'이 시작됩니다. 결과는? 중국이 박살 납니다. 아편으로 한 나라를 마약 중독 국가로 만들어 버린 영국, 뻔뻔하게도 전쟁까지 일으켜 한 나라를 아수라장으로 만들어 버립니다. 맞아요. 영국이 일으킨 아편전쟁은 인류 역사상 최악의 부도덕한 전쟁이었어요.

<동인도 철갑기선 '네메시스'>, 에드워드 던컨, 연도 미상
중국에서 '악마의 배'로 불렸던 '네메시스'는 1차 아편전쟁에서 사용되었다.

　이렇게 1차 아편전쟁(맞아요. 아편전쟁은 2탄까지 있습니다)은 1842년 중국 난징에서 '난징 조약南京條約'을 체결하며 마무리가 됩니다. 그런데 이상하지 않아요? 전쟁은 중국 남쪽 광저우 앞바다에서 시작됐는데 마무리 조약은 중국 내륙에 있는 난징에서 체결된 점이요. 영국은 아주 영리했답니다. 전쟁을 일으킨 후 중국 정부를 한방에 굴복시킬 수 있는 '아킬레스건'을 정확히 알고 있었어요.

　여러분, 고속도로, 철도 등 근대적인 교통수단이 생기기 전 가장 효과적인 수송망은 바로 '강'이었다는 것을 아시죠? 독일, 프랑스 등 서유럽 국가들이 선진국으로 빠르게 발전했지만 유독 스페인이 뒤처졌던 이유도 '강' 때문이었습니다. 서유럽에는 라인강, 도나우강, 드네프르강 등 강이 넘쳐났는데 유독 스페인만은 처절할 정도로 강이 없었어요. 강은 지금의 고속 도로, 고속 철도와 같은 유통의 핵심이었습니다.

중국은 전통적으로 서쪽에서 동쪽으로 흐르는 북쪽의 황하강黃河江, 그리고 남쪽의 장강長江(우리가 양쯔강이라고 잘못 부르고 있죠) 이렇게 두 강을 중심으로 물건을 수송했습니다. 그러면 남북으로는? 수도 베이징과 남부의 항주란 도시를 잇는 '경항운하京杭運河'를 만들어서 물건을 수송했어요. 이 경항운하가 남부 장강과 만나는 지점, 즉 남북 수송의 핵심 지역이 바로 '난징'이었던 겁니다. 그 말은 이 난징만 장악하면 중국의 물류는 올스톱이 되어 버리는 것이지요. 중국판 택배 대란이 일어나는 겁니다. 그걸 영국은 정확히 알았어요. 그래서 난징을 점령하려고 영국 함대를 장강에 보내 하류에서 상류로 거슬러 올라가게 만듭니다. 목표는? 당연히 장강 상류에 있던 난징이었지요.

홍콩, 영국 땅이 되어 버리다

난징 점령 가능성에 경악했던 중국 정부는 바로 백기를 들었죠. 그리고 그 문제의 난징에서 1842년 굴욕의 '난징 조약'을 체결합니다. 난징 조약 내용 중 우리가 기억해야 하는 부분은 다음과 같아요. 먼저 중국이 버린 아편값을 다 물어 주는 건 당연했고, 상하이 등 중국의 5개 항구를 개항해서 서방과 자유로운 무역을 하게 해주는 것

<난징조약 체결>, 존 버넷, 1846

도 포함되었습니다. 그리고 가장 중요한 것이 바로 '홍콩을 영국에 할
양한다'였어요. 여기서 이 '할양割讓'이란 부분이 상당히 중요해요. '자
기 땅 일부를 떼 내서 남의 나라에게 준다'는 뜻이거든요. 어느 지역이
할양되는 순간, 그 땅은 남의 나라 땅이 되어 버리는 겁니다. 난징조약
이 체결된 순간, 홍콩은 영국 땅이 되었습니다.

　　그런데 왜 영국은 홍콩을 1997년 중국에 반환해줬냐고요? 자,
봅시다. 1842년 난징조약으로 일단 영국은 '홍콩섬'을 손에 넣었어
요. 그리고 영국은 중국에 다시 압력을 넣어 1860년 홍콩섬 건너편에
있는 구룡반도九龍半島, 주룽반도를 손에 또 넣었답니다. 이 구룡반도가 우리
가 홍콩 여행 갈 때 꼭 방문하는 '몽콕旺角', '침사추이尖沙咀' 등이 있는 곳
이랍니다. 이 영화 <중경삼림>의 무대가 되는 '중경맨션'도 이 구룡반

난징 조약의 부분, 대만 국립고궁박물원, 1842

도에 있지요. 영화 〈첨밀밀甛蜜蜜〉에서 여명이 중국 본토를 떠나 홍콩에 처음 도착하는 곳도 이 구룡반도랍니다. 하여간 영국은 1860년에 이곳을 손에 넣었어요. 그리고 지금 홍콩 대부분을 차지하는 '신계新界, New Territory' 지역을 1898년에 중국으로부터 얻는데 이때는 '할양'이 아니라 99년간 '조차租借'였습니다. 조차, 즉 '빌렸다'란 뜻이지요.

다시 한번 정리해보면, 영국은 중국으로부터 홍콩섬, 구룡반도를 '영원히' 빼앗았습니다. 그러나 그 위에 중국 본토와 홍콩이 만나는 부분에 있는 '신계' 지역은 99년간 '빌렸'어요. 99년 후엔 '돌려'줘야 한다는 것이죠. 신계를 1898년에 빌렸으니까 99년 후, 즉 1997년엔 돌려줘야 했답니다. 1979년부터 시작된 중국과 영국 사이의 '신계 지역 반환 협상'에서 중국은 집요하게 홍콩의 반환을 요구했고, 20세기에도 '식민지 보유국'이란 이미지를 가지는 것에 부담을 느낀 영국

신계新界를 표시한 지도

이 중국의 요구에 응해서 결국 신계를 1997년에 돌려줄 때 구룡반도
와 홍콩도 같이 반환하기로 합의한 것이랍니다. 정리, 쉽죠?

어지러운 현대사 속 홍콩

1941년 12월 7일, 일본은 뭘 잘못 드셨는지 말도 안 되는
결정을 내립니다. 국력이 무려 12배나 더 강한 미국을 상대로 전쟁을
시작한 겁니다. 바로 태평양 한가운데 있는 하와이의 진주만을 공습
한 것이지요. 일본은 그에 그치지 않았어요. 바로 그다음 날 12월 8일,
일본군은 홍콩을 침공합니다. 왜? 홍콩은 당시 '영국 땅'이었기 때문

이지요. 사실 일본은 1937년부터 중국과 중국 본토에서 '중일 전쟁中日戰爭'을 치르고 있었는데, 1941년 미국을 상대로 전쟁을 선포한 김에 또 다른 서방 국가인 영국에도 전쟁을 선포한 것이죠. 당시 영국 땅이었던 홍콩을 침공한다는 것은 자동적으로 영국과도 한판 붙겠다는 소리였으니까요. 홍콩에 주둔하고 있던 영국군은 밀려들어 오는 일본군과 치열하게 교전을 벌였지만 결국 홍콩은 일본에 점령당합니다. 홍콩을 점령한 일본군은 군병원에서 치료받던 영국군 부상병들까지 몰살시키는 등 무서운 공포 통치를 시작했어요.

세계 최강 국가 미국과 전쟁을 벌인 것 자체가 무모한 시도였습니다. 일본은 패전에 패전을 거듭하다가 1945년 8월 히로시마와 나가사키에 인류 최초의 원자탄 투하를 겪은 후에 바로 무조건 항복을 했지요. 우리나라도 그때 해방을 했고, 홍콩도 다시 영국 손으로 넘어가게 됩니다. 이때, 홍콩 문제에 개입하려는 국가가 또 있었어요. 바로 홍콩의 '원주인'인 중국이었지요. 1945년 8월 15일은 일본과 미국이 벌인 태평양 전쟁에서 일본이 패망한 날이기도 했지만, 1937년부터 시작된 중일 전쟁에서도 일본이 패망한 날이기도 했어요. 그냥 쌍으로 망한 날이지요. 예, 맞습니다. 중국은 중일 전쟁의 승전국입니다.

일본과 전쟁을 끝낸 중국도 슬슬 홍콩을 다시 돌려달라고 영국에게 요구를 하…려고 했는데 중국은 당시 그럴 형편이 못 됐어요. 왜? 국내 문제가 복잡했거든요. 당시 중국은 '형식상' 장개석蔣介石, 장제스의 국민당이 통치하고 있었는데, 이 국민당과 모택동이 이끄는 공산당이 맞서 싸우는 상황인 이른바 '국공 내전國共內戰, 국민당과 공산당의 내전'이

- 베이징 천안문 광장에서 모택동이 중화인민공화국 건국을 선포하는 장면, 1949
- 천안문 광장과 모택동의 사진

었던 것이죠. 일본과 전쟁을 마친 국민당 정부가 숨 좀 돌리고 홍콩을 다시 돌려달라고 하려는 순간, 다시 공산당과의 치열한 전쟁을 하게 된 겁니다. 그리고 그 내전의 결과는? 공산당의 승리였죠. 그래서 1949년 10월 1일, 베이징에서 모택동毛澤東, 마오쩌둥이 천안문 광장에 올라 '중화인민공화국中華人民共和國' 성립을 선포하게 됩니다. 장개석은 대만으로 도망가 버리고요.

이런 상황을 가만히 주시하던 영국은 모택동이 대륙의 주인이 되자마자 1950년 1월, 공산당의 '중화인민공화국'을 중국의 유일한 합법 정부로 인정을 해 버립니다. 홍콩 문제에서 중국과 마찰을 벌이기 싫었기 때문이지요. 아시죠? 영국을 제외한, 즉 미국 등 서방 세계는 중화인민공화국(한때 중공이라고 불렸던)을 1971년 이전에는 국가로 인정 안 해줬습니다. 그냥 '공산 깡패 집단' 정도로 여겼어요. 그런 걸 볼 때 1950년에 공산 정권을 유일한 합법 정부로 인정해준 영국의 결정은 대단한 용기가 필요했던 겁니다. 그만큼 홍콩을 중요하게 생각했던 것이죠. 그리고 홍콩은 다시 '중국 대륙 속의 영국'이 되어 갑니다.

영화에 녹아든 홍콩의 마음

세계사적으로 봤을 때 홍콩만큼 그 정체성이 왔다 갔다 한 곳도 드물어요. 무려 120년 동안 영국의 식민지, 잠깐의 일본 식민지,

<중경삼림>, <첨밀밀>, <영웅본색> 영화 포스터

다시 영국 식민지, 그리고 지금은 중국의 과정을 거쳤으니까요. 고조 할아버지부터 영국령 홍콩에서 살아온 대부분의 홍콩인들은 중국 반환 이전에 자신을 중국인이라기보다 영국 식민지인 또는 그냥 '홍콩인'으로 인식하고 살아왔답니다. 이들에게 1997년 중국으로의 반환은 우려, 또는 두려움 그 자체였죠.

　　사람이 말기 병에 걸리면 처음에는 '그럴 리 없어'라고 부인하지만 그다음엔 '어쩔 수 없군' 하는 인정의 단계를 겪는다고 하지요. 홍콩의 반환도 그랬어요. 그런 과정을 영화적으로 설명하는 이들도 있답니다. 1980년대 초 성룡을 위주로 한 슬랩스틱 코미디 영화를 "홍콩의 반환, 그럴 리 없어. 하하하"라고 웃어넘기면서 애써 외면하는 단계로 본 것이죠. 1980년대 말에 가서는 〈영웅본색英雄本色〉 같은 우울한 누아르 영화가 나오기 시작하고, 반환이 다가오던 1990년대 초에 〈중경삼림重慶森林〉〈첨밀밀甜蜜蜜〉 같은 슬픈 영화가 나오기 시작한 건

'홍콩의 반환은 어쩔 수 없는 현실이다'라는 인정의 단계로 본 겁니다.

영화 〈중경삼림〉은 1997년 홍콩의 중국 반환 직전에 홍콩인들은 어떤 심정을 가지고 있었는지 잘 묘사해주는 영화예요. 영화 속 금성무의 명대사 "사랑엔 유통 기한이 없었으면 좋겠다", 이 말이 홍콩인의 마음을 그대도 대변해준답니다. "홍콩에 대한 나의 사랑엔 반환 기한이란 없었으면 좋겠다"라는 그들의 마음.

이미 중국으로 반환된 홍콩에 다시 한번 민주주의 바람이 불었으면 하는 마음을 가지고 〈중경삼림〉 편 마치겠습니다.

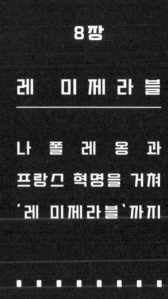

SYNOPSIS

빵 하나 훔친 죄로 19년 형을 선고받은 장 발장, 프랑스의 암울한 시기를 생생히 보여주는 영화 〈레 미제라블〉. 레 미제라블은 프랑스의 언제를 배경으로 한 스토리일까? 바스티유 감옥 습격부터 나폴레옹을 지나, 완전한 자유를 외친 '프랑스 혁명'까지. 프랑스 역사를 아우르는 이야기 속으로!

레 미제라블

Les Misérables, 2019

감독	톰 후퍼
주연	휴 잭맨, 러셀 크로우, 앤 해서웨이

다들 어렸을 때부터 '장 발장Jean Valjean'에 관한 이야기는 여러 번 들어 보셨을 겁니다. 빵 하나 훔친 죄로 무려 19년 형을 선고받은 장 발장. 그리고 돈이 없어 머리칼을 잘라 팔고 그마저 없어서 몸을 팔게 된 팡틴Fantine, 그리고 팡틴의 불쌍한 어린 딸 코제트Cosette. 이 모든 이야기는 프랑스 작가 빅토르 위고Victor Hugo가 쓴 『레 미제라블Les Miserables』에 나오는 스토리랍니다. 말 그대로 'miserable', 즉 '불쌍한 이들'을 그린 이야기지요. 영화로도 나왔고 뮤지컬로도 만들어져 큰 인기를 끌었어요.

그런데 이 레 미제라블이 프랑스 언제를 배경으로 한 스토리인지 혹시 아세요? 의외로 많은 분들이 "그거 프랑스 혁명, 그때를 그린 거 아니야?"라고 막연히 알고 계세요. 그러면서 "프랑스 혁명, 그거 가슴 드러낸 여인이 군중을 이끌고 가는 그림. 그 그림이 배경인 프

COSETTE SWEEPING.

비질하는 코제트, 『레 미제라블』(1862)의 삽화, 1887

랑스 혁명 말이야"라고들 말씀하십니다. 그렇지 않아요. 다 달라요. 1789년 일어난 프랑스 혁명은 레 미제라블의 배경이 아닙니다. 그리고 '가슴을 드러낸 여인이 군중을 이끄는 그림'은 프랑스 혁명을 배경으로 하는 그림도 아니고, 또한 레 미제라블의 배경 또한 아닙니다. '엥? 뭐가 이렇게 복잡해?'라고 생각하실 겁니다. 사실 당시 프랑스 상황이 복잡했던 것은 사실이에요. 자, 지금부터 프랑스 혁명은 무엇이고, 그 가슴 드러낸 여인이 군중을 이끌던 때는 어떤 상황이었으며, 또 레 미제라블은 도대체 언제를 배경으로 한 이야기인지, 지금부터 차근차근 알아볼까요?

베르사유 궁전 건설로 거덜 나기 시작한 프랑스

'국왕의 목을 단두대로 쳐 버린' 프랑스 혁명, 도대체 프랑스 국민들은 무엇 때문에 그렇게 격분했고 당시 국왕이었던 루이 16세는 또 무슨 죽을죄를 지어서 사형까지 당했을까. 이 모든 문제의 시작은 혁명이 일어난 1789년으로부터 약 100년 전인 1682년, 당시 프랑스 국왕이었던 루이 14세Louis XIV, 이른바 태양왕란 인간이 자기의 왕권 강화를 위해 파리 외곽에 베르사유 궁전Palace of Versailles이란 어마어마한 토목 공사를 하면서부터 시작했다고 보시면 돼요.

지금도 파리 외곽의 유명 관광지지요? 바로 그 공사 때문에 프랑스는 무너지기 시작했어요. 공사 기간만 총 20년이 걸렸습니다. 매일 밤 가혹한 공사 과정에서 죽은 노동자들의 시체가 마차에 가득 실려 궁전 공사장 밖으로 나왔다고 해요. 그리고 당시 파리에선 볼 수 없었던 열대 나무인 오렌지 나무를 무려 1,200그루나 궁전 정원에 심었고, 겨울엔 이 나무들을 다 뽑아 실내에 보관한 후 봄이 되면 다시 야외 정원에 심을 정도로 사치의 극치였답니다. 또 정원엔 1,400개의 분수들을 만들었고, '거울의 방The Hall of Mirrors'이란 무도회장엔 무려 500개가 넘는 이탈리아 수입산 거울들로 치장했어요. 지금 관광을 가서 봐도 '와' 입이 쩍 벌어지는데 17세기 프랑스 당시에는 어땠을까요?

우리나라 광해군이 임진왜란 직후 가뜩이나 백성들이 굶주리고 병에 걸려 죽어 나가던 판에 무리해서 궁궐 공사를 강행하다 나라 살림을 거덜 낸 것과 같이, 루이 14세도 베르사유 궁전 건설에 너무 많은 돈 낭비를 했답니다. 그것도 모자라 루이 14세는 무려 72년간이나 왕을 하면서(유럽 역사상 최장기간 왕이었습니다) 수많은 정복 전쟁으로 프랑스의 재정을 파탄시켰어요. 그리고 그 뒤를 이은 왕들은 하나 같이 다 무능했답니다. 루이 14세가 엉망으로 만들어 놓은 프랑스 재정 상태를 더욱 악화시켰어요.

루이 14세가 죽은 후 다음 왕이 된 루이 15세Louis XV는 자기 증조할아버지이자 전임 왕인 루이 14세(루이 14세가 너무 오래 왕을 해서 아들, 손자가 다 먼저 죽습니다)가 벌여 놓은 재정 파탄을 나름 수습하고자 했습니다. 그렇게 스코틀랜드 출신 존 로John Law를 재정 담당 자리에 앉혔는데, 알고 보니 이 인물이 국제 사기꾼이었던 겁니다. 당시 북미

•   파리 베르사유 궁전의 화려한 전경
••   베르사유 궁전 내부에 있는 거울의 방

대륙의 프랑스 식민지였던 루이지애나(예, 맞습니다. 당시에 루이지애나는 프랑스 식민지였어요)에 존재하지도 않는 대규모 금광이 발견됐다는 거짓말로 대규모 투자금을 빼돌려 결과적으로 가뜩이나 위태위태한 프랑스 재정에 치명적 어퍼컷을 날렸어요.

1775년 밀가루 전쟁: 파리 빵집 약탈, 19세기 판화

이런 가운데 1775년 프랑스는 역사상 최악의 식량난까지 겪습니다. 그 한 해 전에 밀 농사가 최악의 흉년을 겪었거든요. 당연히 밀가루 가격이 폭등했겠지요. 이런 상황에서 여러분이 국가 물가 담당자라면 어찌해야 할까요? 당연히 정부가 밀가루 가격 폭등을 막기 위해 '가격 상한제' 같은 것을 강제로라도 시행해야 하잖아요. 그런데 당시 프랑스 정부는 참으로 순진무구하게도 '밀가루 가격 자유화'를 골자로 하는 청개구리 정책을 실시했답니다. 그러면 당연히 밀가루 가

격은 천정을 뚫고 미친 듯이 치솟았겠지요. 왜? 흉작으로 밀가루가 절대적으로 부족한 상황이니 밀가루 파는 상인들은 "비싼 돈 내고 사 먹든지 아니면 집에 가서 손가락이나 빠쇼"라고 했을 것이잖아요.

프랑스 국민들, 특히 파리 시민들은 이런 정부의 조치에 격분하며 항의 시위를 벌였어요. 당연하지요. 당장 먹을 것이 없고 내 자식, 아들딸이 밥을 달라고 하는데 그걸 가만히 보고만 있을 부모가 어디 있겠어요. 이에 프랑스 정부는 "아이고 죄송합니다. 밀가루 가격 통제하겠습니다" 하고 나온 것이 아니라 시민들을 총칼로 진압했답니다. 무려 400여 명이 일제히 체포되었어요. 이 사건을 역사에선 '밀가루 전쟁'이라고 부를 정도로 항의 시위는 격렬했답니다. 그 정도로 당시 프랑스 일반 국민들의 삶은 지옥 그 자체였습니다.

🎥 격분한 시민들, 바스티유 감옥을 점령하다

나라를 최악의 상태로 만들고 루이 15세는 죽습니다. 그리고 그 손자가 다음 왕이 돼요. 바로 비극의 주인공, 단두대에 목이 날아간 루이 16세Louis XVI였습니다. 아, 참. 루이 15세의 아들, 즉 루이 16세의 아버지는 젊은 나이에 죽었어요. 그래서 그 아들이 왕이 되었답니다. 하여간 이 루이 16세는 당시 거덜이 난 프랑스를 수습하기엔 너무도 능력이 없던 왕이었습니다. 일단 가장 손쉬운 방법을 선택했어요. 나라에 돈이 없으면? 그렇죠, 국민에게서 돈을 뜯어 오면 되지요. 바로 '세금을 올리는 것'을 선택한 겁니다.

안 그래도 먹고 살기 힘든 상황에서 피 같은 돈을 더 뜯기게 된 일반 농민, 노동자들은 당연히 반발했지요. 여기서 당황한 국왕은 일단 각 계층의 대표들을 모이게 합니다. 성직자 대표, 귀족 대표, 그리고 평민 대표, 다 한자리에 모여서 대책을 좀 논의하자는 취지였어요. 그런데 일이 더 커집니다. 왜? 평민 대표를 오라고 불러 놓고, 아예 회의장에 들어오지도 못하게 막아 버린 겁니다! 회의장에 못 들어가 격분한 평민 대표들은 회의장 옆 공간에 따로 모여요. 그곳은 국왕이 운동을 하던 테니스코트였는데 그곳에서 "우리가 따로 단체를 만들어 국왕과 귀족에 맞서자! 우리도 좀 살자!"라고 선언했어요. 이것을 역사에선 1789년 6월 20일의 '테니스코트의 서약Tennis Court Oath'이라고 부른답니다. 프랑스 혁명의 사실상 시작을 알린 사건이었어요.

평민들이 왕과 귀족들에게 대들 준비를 한다는 소식을 들은 루이 16세는 군대를 동원해 '치안 유지'를 지시합니다. '진압'하란 소리는 안 했어요. 단지 '치안 유지'를 하라는 지시만 했어요. 그런데 군대가 파리 주변을 포위한다는 소식을 들은 시민들은 "군대가 우리를 몰살시키려 파리 주변에 몰려들고 있다!"라고 오해 아닌 오해를 하고 말았어요. 그리곤 "군대와 왕이 우리를 죽이기 전에 우리가 먼저 치자!" 결심을 하고 파리 외곽의 한 교도소를 습격합니다. 1789년 7월 14일의 일이었어요. 그 교도소가 바로 유명한 '바스티유 감옥Bastille'이랍니다. 시민들은 바스티유 감옥 안에 무기가 많이 있고 또 그 안에 왕

- <테니스 코트의 서약>, 자크 루이 다비드, 1789
- <바스티유 감옥 습격>, 장 피에르 우엘, 1789

과 맞서 싸우다 갇힌 정치범들이 있다는 말을 듣고 그 감옥을 먼저 공격한 겁니다. 드디어, '프랑스 혁명'이 시작되었습니다.

'폭동'이 일어났다는 소식을 들은 루이 16세는 도망을 갑니다. 도망가다 결국 시민군에 붙잡히지만요. 혁명을 일으킨 프랑스 일반 평민들은 '국민 공회'라는 일종의 공화국 정부를 만들었어요. 왕이 통치하면 왕국, 일반 시민이 통치하면 공화국. 그리곤 1793년 1월 21일, 프랑스를 이렇게 난장판으로 만든 인물인 루이 16세는 파리 시민들에 의해 파리 콩코드르 광장에서 단두대로 공개 처형을 당해요. 루이 16세는 그래도 왕답게 당당하게 죽었다고 하지요. "지금 내가 곧 흘릴 피가 프랑스 국민들에게 행복을 주길 원한다"라는 유언과 함께요.

🎥 혼란 속에 등장한 영웅, 나폴레옹

사실 프랑스 혁명은 그리 박수받을 만한 사건은 아니랍니다. 프랑스 시민들은 막상 왕의 목을 치고 난 후 뭘 어떻게 어떤 방식으로 앞으로의 프랑스를 이끌어 나갈지 별 대책이 없었어요. "계속 왕국으로 나라를 이끌자"는 파와, "아니다, 공화국을 만들자"고 주장한 파가 정말 박 터지게 서로 치고받고 싸웁니다. 나라가 더 개판이 된 겁니다. 심지어 '완장'을 찬 시민군들이 귀족과 왕족 대신 죄 없는 일반 시민들을 몰살하는 일까지 벌어졌습니다. 그냥 아무나 다 죽인 것이지요. 약 2만 명의 무고한 시민이 처참하게 죽었어요. 1792년 9월의 일이었는데 역사는 이 일을 '9월의 대학살Septembre Massacres'이라고 불러요. 이 대학살 이후 유럽 각국은 경악합니다. 심지어 영국은 프랑스에서 넘어오는 이민자를 입국 금지시켜요. 야만인들이라고요.

이렇게 헬-게이트가 열린 상태로 무려 10년의 세월이 흐릅니다. 프랑스는 말 그대로 '개판, 난장판, 아수라장'이 되어 버렸답니다. 시민들은 점점 지쳐 갔어요. 공화국이고 왕국이고 다 필요 없다, 그저 좀 안정되게 살자는 갈망이 생긴 것이죠. 동서고금을 막론하고 이럴 때 국민들은 이런 혼란을 한번에 확 교통정리를 해줄 강력한 지도자를 원한답니다. 그때 지중해 외딴섬 출신의 한 젊은 군인이 등장하니, 그가 바로 나폴레옹Napoléon이었어요.

나폴레옹은 지중해의 코르시카섬Corsica 출신입니다. 이 코르시카섬은 나폴레옹이 태어나기 일 년 전까지만 해도 이탈리아 영토였어요. 즉, 나폴레옹은 순수 프랑스인이라기보다 '이탈리아계 프랑스인'으로 봐야 정확하답니다. 하여간 어렸을 때 프랑스 본토로 유학을 온 나폴레옹은 군사 학교에 입학해서 정말 공부만 했어요. 왜? 프랑스어가 서툴러서 다른 급우들과 어울릴 수가 없었기 때문입니다. 그래서 기숙사방에 앉아 여러 병법, 병서들만 파고들었어요. 물론 이게 나중에 나폴레옹이 각종 전투, 전쟁을 벌일 때 엄청나게 큰 도움이 되었지요.

실제로 나폴레옹은 프랑스군에 입대해서 각종 전과를 올리며 승진에 또 승진을 거듭해요. 1789년 프랑스 혁명 이후에 들어선 이른바 '공화 정부'는 유럽 각국과 엄청난 전쟁을 벌였어요. 왜? 프랑스 주변

<알프스를 넘는 나폴레옹>, 자크 루이 다비드, 1801

의 다른 나라들은 다 '왕국'이었거든요. 공화국의 프랑스가 성공하면 자기들 나라에서도 똑같은 민중 봉기가 일어날 것을 두려워한 유럽 각 왕국들이 프랑스 공화 정부를 공격한 것이죠. 거기에 격분한 프랑스 공화 정부도 맞서 싸운 것이고요. 이런 전쟁 난장판에서 프랑스군이 승리에 승리를 하게 만들어 준 주인공이 바로 나폴레옹이었답니다.

당연히 나폴레옹의 인기는 하늘을 치솟았지요. 10년간의 난장판에 지친 프랑스 시민들은 '이 난장판을 정리하고 다시 프랑스의 영광을 가져다줄 사람은 나폴레옹밖에 없다'고 생각하기 시작했어요. 나폴레옹은 이런 국민적 여론을 바로 파악할 정도로 영리한 인간이었어요. 1799년 바로 군사 쿠데타를 일으킨 후 무력으로 의회를 해산시키고 정권을 장악해 버려요. 왜 그렇게 갑작스럽게 무리해서 권력을 잡았냐고요? 그는 알았어요. 프랑스 국민들, 즉 대세는 이미 자기 편이란 걸 말이죠.

나폴레옹, 프랑스 황제의 자리에 오르다

쿠데타로 정권을 잡은 나폴레옹은 일단 공화국의 '통령'이 됩니다. 맞아요. 우리가 대통령이라고 하는 대통령의 '대大' 자만 뺀 겁니다. 큰 의미는 없어요. 그냥 용어만 조금 다르지 지금의 대통령과 비슷한 지위라고 생각하시면 돼요. 나폴레옹은 그런 통령 자리가 마음

<나폴레옹의 대관식>, 자크 루이 다비드, 1805-1807

에 안 들었답니다. 자기는 왕도 아닌 예전 로마 시대 때의 황제가 되고
싶었거든요. 그래서 황제가 되기로 합니다.

　　엥? 프랑스 국민들은 왕을 죽이고 혁명까지 일으켰는데 왕도 아
니라 한 단계 위인 황제를 용납했다고요? 맞습니다. 나폴레옹은 무력
으로 황제가 된 것이 아닙니다. 1804년 당당하게 국민 투표를 했어요.
"프랑스 국민 여러분! 제가 이제 황제가 좀 되려고 하는데 괜찮습니
까?" 하고 묻는 투표를요. 무려 99.93%(실제 찬성 투표율)의 프랑스 국
민들이 '예'라고 투표해줬어요. 왜? 그들은 지쳤답니다. 공화국이고
나발이고 10년 동안의 혼란에 지쳤어요. 그냥 나라를 강력하게 다스

려 줄 지도자를 간절히 원했던 겁니다.

1804년 12월 2일, 파리 노트르담 대성당에서 프랑스의 황제로 즉위한 나폴레옹. 이제 그의 본업인 군인답게(?) 유럽 각국을 정벌하러 나섭니다. 맞아요. 또 전쟁을 시작했어요. 그리고 연전연승을 거듭니다. 프랑스 국민들은 나폴레옹에 열광했어요. "나폴레옹이 다시 대프랑스 제국을 만들고 있다, 유럽 최강의 국가로 만들고 있다, 나폴레옹 만세!"를 외쳤어요. 자기가 황제가 된 지 정확하게 1년 후인 1805년 12월 2일에는 오스트리아와 러시아, 이렇게 두 나라와 동시에 싸워서 이깁니다. 2:1로 싸워서 이긴 것이지요. 일명 '아우스터리츠 전투Battle of Austerlitz'란 전투였는데 이 전투에서 승리한 것을 기념해 만든 것이 지금 파리의 개선문Arc de Triomphe이랍니다.

러시아 원정으로 무너지는 나폴레옹

유럽 각국은 모조리 나폴레옹에 정복당했어요. 딱 두 나라 빼고요. 바로 영국과 러시아였는데요. 나폴레옹이 보기엔 러시아는 프랑스에서 너무 멀고 '정복할 가치'가 없는 땅이었어요. 그냥 겁나게 추운 허허벌판이었을 뿐이죠. 문제는 영국이었는데 영국은 섬나라잖아요. 정복하려면 바다를 건너가야 하는데 해군 경험이 없는 나폴레옹 입장에선 큰 부담이었답니다. 그래서 1806년 나폴레옹은 '대

<1812년 전쟁>, 일라리온 프랴니시니코프, 1874

류 봉쇄령'을 내려요. 말 그대로 영국을 고립시켜 굶겨 죽이겠다는 작
전이었죠. 나폴레옹은 유럽 각국에 엄명을 내립니다. "봉쇄령을 어
기고 바다 건너 영국과 몰래 거래하다가 나한테 딱 걸리면 바로 박살
이다!"라는 경고를요.

　　나폴레옹이 무서웠던 유럽의 각국은 봉쇄령을 울며 겨자 먹기
로 지켰어요. 딱 한 나라, 러시아 빼고요. 러시아는 영국에 감자 등 농
산물을 팔아야 먹고 살 수 있었는데 봉쇄령 때문에 거래를 할 수 없으
니 당장 굶어 죽게 생긴 겁니다. 그래서 몰래 영국과 거래를 하기 시작
했어요. 먹고 살아야 하니까. 그러다가 나폴레옹에게 딱 걸립니다. 나

폴레옹은 "어, 이놈들 봐라. 북극곰 놈들 불쌍해서 봐주니까 겁을 상실했군!"이라 생각하고 드디어 러시아 침공을 계획합니다.

1812년 6월 4일, 나폴레옹은 무려 70만 대군을 이끌고 모스크바를 향해 원정을 떠납니다. 나폴레옹의 운명을 결정한 그 유명한 '나폴레옹의 러시아 원정French invasion of Russia'입니다. 나폴레옹은 러시아 따위는 20일이면 충분히 항복시킬 수 있다고 생각했어요. 하지만 러시아 황제는 모스크바를 일부러 태워 버리는 경악스러운 전략까지 쓰며 끝까지 저항했습니다. 도시는 왜 태웠냐고요? 나폴레옹이 모스크바를 점령하더라도 프랑스군이 사용하고 먹을 수 있는 것을 다 깡그리 없애 버리기 위함이었죠. 모스크바를 점령한 후 불타는 도시를 본 나폴레옹은 "내 생애 본 장면 중 가장 무서운 장면이다"라는 말을 남겼어요. 그만큼 도시는 전체가 잿더미가 되었답니다.

도시까지 다 태워 버리는 경악스러운 전략까지 쓰며 절대 항복하지 않고 버틴 러시아의 저항. 이 저항에 나폴레옹은 점점 초조해지기 시작했어요. 왜? 바로 그 무시무시한 러시아 동토의 겨울이 다가오고 있었기 때문입니다. 그리고 겨울이 오고야 말았어요. 러시아의 겨울은 상상했던 것보다 더 공포스럽게 추웠답니다. 하긴 입김을 '호…' 하고 불면 입김이 얼어서 땅에 툭 떨어질 정도니까요. 추

1813년 화재로 불탄 모스크바 피해 지도

나폴레옹이 세인트 헬레나에 있는 동안 살았던 롱우드 하우스

위와 굶주림에 지친 나폴레옹, 결국 10월 19일 전격 퇴각 명령을 내립니다. 떠날 땐 70만 명이 출발했지만 프랑스로 돌아온 병사는 겨우 20만 명이었어요. 제대로 싸워 보지도 못하고 무려 50만 명의 군사들이 얼어 죽었던 겁니다.

러시아 원정을 실패한 나폴레옹에 대한 프랑스 시민들의 원망은 극에 달했어요. 당연하죠. 그들이 나폴레옹을 밀어준 단 하나의 이유는 '위대한 프랑스를 다시 만들라'였는데 제대로 싸워 보지도 않고 무려 50만 명의 귀한 아들들을 얼려 죽게 만들었으니까요. 결국 나폴레옹은 강제로 황제 자리에서 끌려 나와 저 먼 남대서양의 세인트헬레나Saint Helena란 섬에 유배를 갑니다. 1815년 6월 22일의 일이었어요. 한때 유럽 대륙을 호령했던 나폴레옹의 시대가 막을 내린 겁니다.

다시 등장한 프랑스 왕국

　　나폴레옹이 쫓겨나 남대서양으로 유배를 떠난 후 오스트리아 등 승전국들(처음에 나폴레옹과의 유럽 전쟁에서 단단히 혼쭐난 유럽 국가들)이 프랑스의 다음 왕을 결정했습니다. 왕? 또 왕? 당연하지요. 유럽 각국은 당시 아직 왕국들이었거든요. 바로 옆 나라에 국민이 나라를 다스리는 공화국이 생기는 걸 절대 원하지 않았다니까요. 그래서 주변 나라들이 프랑스를 다시 '왕국'으로 만들어 버립니다. 그래서 단두대에 목이 날아갔던 루이 16세의 동생을 프랑스 왕 자리에 앉히고 루이 18세Louis XVIII란 이름을 줍니다. 말 그대로 허수아비, 바지 사장 왕이었어요.

　　그런데 문제는 아무 힘도 없던 루이 18세가 바지 사장 왕이 아니었답니다. 프랑스 혁명 당시 쫓겨난 후 외국으로 도망을 갔던 귀족들, 왕족들이 대거 다시 프랑스로 돌아왔습니다. 그런 후 복수를 시작했어요. 당시 혁명을 주도했던 평민들, 그리고 공화국을 세우려고 했던 사람들, 즉 자기들을 쫓아냈던 사람들, 그리고 나폴레옹 통치하에서 일했던 이들을 일제히 검거해서 모두 처형시켰어요. 이들은 돌아와서 "우리는 소위 혁명에서 아무것도 배우지 않았고 또 앞으로도 배울 생각이 없다"라는 망언을 남겼어요. 프랑스는 다시 노동자, 평민들이 탄압받는 어둠의 시대를 맞이한 겁니다.

　　늙고 아무 힘도 없던 루이 18세가 죽고 나서 또 그의 동생인 샤

<민중을 이끄는 자유의 여신>, 외젠 들라크루아, 1830

를 10세Charles X가 새로운 프랑스의 왕이 되었습니다. 사실상 프랑스 역사상 프랑스의 마지막 왕이랍니다. 이 샤를 10세는 자기 형인 루이 18세보다 더 악질적이게 민중 탄압을 했어요. "감히 평민들이 귀족과 왕족에게 기어오르는 건 절대 용납 못 한다" 이것이었죠. 혁명 때 쫓겨난 후 다시 기어 돌아온 귀족과 왕족들은 새 왕에게 엄청난 박수와 지지를 보냅니다. 왜? 완전 자기편이었기 때문이지요. 샤를 10세는 1830년 7월, 이른바 '7월 칙령(왕의 명령)'이란 걸 발표해요. 내용은 황당했어요. 땅을 가진 자만이 투표를 할 수 있다, 즉 지주만 투표를 할 수 있다는 형이상학적 미친 발표를 한 겁니다.

이에 프랑스 민중들은 들고일어나요. 당연히 그래야죠. 엄청난 민중의 저항에 샤를 10세 국왕은 겁을 집어먹고 영국으로 도망을 가요. 이것이 역사에서 '프랑스 7월 혁명July Revolution'으로 기록된 사건입니다. 단 3일 만의 일이었어요. 그만큼 민중의 저항은 엄청났습니다. 여러분, 한 번씩은 다 보셨을 그림이 있어요. 바로 가슴을 드러낸 여인이 한 손엔 프랑스 깃발, 또 한 손엔 장총을 들고 군중을 이끄는 그림 기억나시죠? 바로 그 그림이 바로 1830년 7월의 '7월 혁명'을 묘사한 그림이랍니다.

드디어, 레 미제라블!

국민을 탄압했던 못된 왕 샤를 10세는 영국으로 도망갔고 시민들은 또 다른 혁명을 성공시켰어요. 그리고 프랑스 시민들은 '시민의 왕' 즉, 시민이 선택한 왕을 왕 자리에 앉힙니다. 바로 공화국으로 가는 것은 사실 너무도 두려웠던 것이었죠. 그래서 시민들이 통제할 수 있는, 시민을 위해 정치를 할 수 있는 사람을 왕으로 만들어 줍니다. 그래서 왕족 중 한 명이었던 '루이 필리프Louis Philippe I'란 자를 왕으로 만들어 줘요. 루이 16세의 6대손인데 그 정도면 그냥 명함만 왕족이지 거의 왕과는 '지인' 수준으로 별 관계가 없는 사람입니다. 이 사람은 혁명 당시 왕족의 편에 선 것이 아니라 시민들의 편에 섰던 것이 시민들에게 좋은 인상을 줬어요.

그런데! 이 루이 필리프가 왕이 되자마자 시민을 배신합니다! 왕 자리가 다 그런가 봐요. 바로 극보수적인 정책을 펼쳐요. 지주만이 투표를 할 수 있는 법을 그대로 놔둡니다. 심지어 "투표하고 싶으면 돈을 버세요"라는 망언을 해요. 당시 프랑스는 계속된 혼란과 기근으로 일반 시민들의 삶이 최악인 상태였어요. 이때가 바로 장 발장이 먹을 것이 없어 빵을 훔쳤던 때이고, 코제트의 엄마가 돈을 벌려고 머리칼을 자르고 몸까지 팔던 그런 시기였습니다. 그런데 '투표하려면 돈을 벌어라…?' 쌓였던 시민들의 불만에 기름을 부어 버린 겁니다. 시민들은 깨달았어요. "피는 우리 국민들이 흘렸지만 결과는 한 왕이 다

6월 항쟁 속 에포닌의 죽음, 『레 미제라블』속의 삽화, 포춘 메올, 1879-1882

른 왕으로 바뀌었을 뿐이다"라는 것을요.

　이런 가운데 1832년 6월 1일, 나폴레옹 통치 당시 전쟁 영웅이었던 '막시밀리안 장군Jean Maximilien Lamarque'이 사망했어요. 6월 5일, 파리 시내에서 거행된 장군의 장례식에 수많은 민중들이 몰려들었습니다. 이때 군중들 사이에서 프랑스기를 흔들면서 "자유가 아니면 죽음을!"이란 구호를 외쳤고, 장례식에 모인 민중들은 일제히 "루이 필리프 타도!"를 외치며 반정부 시위를 시작합니다. 그리고 정부군은 이런 시위대를 향해 일제히 발포를 했고요. 이것이 바로 '1832년 6월 봉기'인데 이 봉기를 그린 작품이 바로 빅토르 위고의 〈레 미제라블〉이랍니다. 작가 빅토르 위고는 본인이 직접 현장에서 시위대가 총을 맞고도 끝까지 저항하는 모습을 봤다고 합니다. 그리고 그 경험을 바탕으로 작품을 쓴 것이지요.

1789년 프랑스 혁명 이후 레 미제라블의 배경이 된 1832년 6월 봉기까지, 약 40년간 프랑스는 그 어떤 나라도 경험해보지 못한 대혼란을 겪었어요. 그 짧은 시기에 국왕도 단두대에 목이 날아갔고 나폴레옹도 등장했다 사라졌고 수많은 시민 혁명이 일어났지요. 짧은 지면에 그 많은 사건들을 다 다루진 못했어요. 그래도 어느 정도 정리는 되었지요? 이것만 아시면 돼요. 프랑스 혁명의 시작은 1789년 바스티유 감옥 습격이다. 그리고 가슴 드러낸 여인이 민중을 이끄는 그림은 1830년 7월 혁명을 그린 작품이다. 그리고 영화 〈레 미제라블〉은 그로부터 2년 후인 1832년 6월 봉기를 그린 영화다, 라는 것을요.

사실 레 미제라블의 배경이 되었던 프랑스는 프랑스 입장에선 정말 감추고 싶은 과거일 수도 있어요. 대부분의 역사에선 부끄러운 부분은 되도록 숨기려고 하잖아요. 빵 하나 훔쳤다고 19년 형을 때렸던 과거, 먹을 것이 없어 몸까지 팔아야 했던 여인들이 존재했던 과거. 하지만 빅토르 위고라는 양심적인 프랑스 작가에 의해 그날의 함성은 그대로 기록되었고, 현재 프랑스인들은 부끄럽지만 당당히 교훈을 얻어야 할 자신들의 과거로 그날의 일을 기억하려고 합니다. 우리는 우리 과거사에서 특히 근현대사에서 의도적으로 또는 무의식적으로 숨기려 하고 외면하려 하는 역사적 사건은 없나, 뒤돌아봐야 한다는 것을 영화 〈레 미제라블〉을 통해 생각해 보는 건 어떨까요.

SYNOPSIS

1890년 미 정부군의 원주민 대학살 실화를 모티브로 제
작된 영화 〈늘대와 춤을〉. 미국은 왜 수많은 원주민을 학
살했을까? 〈늘대와의 춤을〉과 같은 영화는 어떤 배경으
로 만들어졌을까? 미국의 건국과 서부 개척의 어두운 이
면부터, 미국 내 원주민의 현시점까지 아울러 이해한다!

늑대와 춤을

Dances With Wolves, 1990

감독	케빈 코스트너
주연	케빈 코스트너, 매리 맥도넬

영화 〈늑대와 춤을〉은 1890년 미국에서 실제 일어났던 미 정부군에 의한 원주민(우리가 인디언이라고 잘못 부르고 있는) 대학살을 모티브로 만든 영화입니다. 줄거리를 살짝 말씀드릴게요. 남북전쟁 동안 북군 소속이었던 존 던바John Dunbar 중위는 전투 중 다리 부상을 당하고 지긋지긋한 전쟁에 염증을 느낍니다. 그래서 좀 숨도 돌리고 요양도 할 겸 아직 개척 중인 서부 지역에서 근무할 수 있게 상관에게 부탁해요. 상관도 당연히 오케이를 하고요.

그래서 서부 개척지의 한 미군 요새로 향했어요. 그런데 어라? 막상 요새에 도착하니 아무도 없는 것 아닙니까? 있어야 할 미군은 없고 주변의 원주민 부족인 '수Sioux족'만 있었어요. 수족은 미군 군복을 입고 있던 존을 일단 잡아갔어요. 그런데 존은 달랑 혼자이기도 했고 수족에게 별 거부 반응도 없었습니다. 시간이 지나고 존과 수족 수민들은 서서히 서로 친하게 되었답니다. 존은 영어 이름 외에 수족 전통 이름도 하나 받습니다. 바로 '늑대와 춤을Dances With Wolves'이란 이름을요. 그것이 수족 전통 작명법이었어요. '주먹 쥐고 일어서', '발로 차는 새' 등이요. 존은 수족과 만나기 전에 야생 늑대들과 같이 좀 놀아 줬는데 그걸 수족이 보고 이름을 지어 준 겁니다.

수족과 시간을 보내면서 점점 일원이 되어 가는 존 던바. 수족 안에는 어렸을 때부터 수족과 생활을 해 영어는 다 잊어버리고 원주민으로 살고 있던 백인 여성 '주먹 쥐고 일어서'가 있었어요. 존과 그 백인 여성은 서로 사랑하게 되고 결국 수족의 축복을 받으며 결혼까지 하게 돼요.

이렇게 수족의 일원이 되어 잘 살아가던 존 던바, 아니 '늑대와 춤을'은 원주민을 추격해 온 백인 미군들에 의해 체포되고 맙니다. 얼굴은 백인이지만 옷과 머리 모양은 수족 방식을 하고 있는 존 던바를 미군은 원주민의 첩자로 오해하고 모진 고문을 하지요. 그리고 존을 구출하러 온 수족 전사들을 무참히 살해해 버립니다. 수족 전사들의 희생으로 탈출에 성공한 존은 아내인 '주먹 쥐고 일어서'와 함께 수족을 뒤로하고 홀로 먼 길을 떠납니다. 자기가 수족과 함께 있으면 수족은 결국 백인 토벌대에 의해 모두 희생될 것이 뻔하기 때문이죠.

여기까지가 영화 스토리입니다. 진짜 역사 속에 있었던 이야기를 해 드리자면 백인 토벌대는 실제 수족이 살고 있는 마을에 쳐들어와 남녀노소를 가리지 않고 모두 학살해 버려요. 물론 존 던바 때문은

<웅크린 황소> 아메리칸 인디언 족장 시리즈,
앨런&긴터 컴퍼니, 1888

아니었습니다. 존 던바는 가상의 인물입니다. 실제 백인 토벌대가 수족을 몰살시킨 것은 '웅크린 황소Sitting Bull'란 수족의 전사 때문이었어요. 백인 토벌대와 용감히 맞서 싸우며 백인들에게 큰 피해를 주었거든요. 거기에 대한 복수였습니다.

이 영화 〈늑대와 춤을〉은 미국 할리우드 영화사에서 큰 의미를 지닙니다. 그 이전까지만 해도 원주민, 소위 인디언들은 다 악마로 묘사되었고 백인 토벌대들은 '미국 건국에 방해되는 악마인 인디언들에게 응징을 가하는 정의의 용사'로 묘사가 되었지요. 그러나 할리우드도 역사와 부끄러운 치부를 있는 그대로, 반성하는 마음으로 묘사하자는 움직임이 시작되었습니다. 그 결과물로서 〈늑대와 춤을〉이 만들어졌답니다.

자, 그러면 미국이란 나라는 어떤 과정을 통해 건국이 되었고, 대서양 연안의 조그만 영국 식민지였던 미국은 왜 '서부 개척'이란 명분하에 수많은 원주민들을 학살했으며, 그 원주민들은 미군들에 맞서 어떻게 장렬히 싸우다 전사하고 영웅이 되었는지, 궁금하지 않으세요? 지금부터 영화 〈늑대와 춤을〉의 배경 속으로 들어가 볼까요?

지금의 미국 땅, 북미에는 이미 사람이 살고 있었다

지금의 미국과 캐나다 지역엔 약 3만 년 전부터 사람이 살기 시작했다는 유적들이 이미 발견되었습니다. 그들은 애당초 어디에서 왔냐? 여러 가지 설이 있지만 몽골 북쪽의 고비 사막에서 살던 황인종들이 빙하기, 바다가 얼어 육지가 된 상태의 북쪽 아시아에서 지금의 알래스카 쪽으로 건너왔다는 설이 가장 유력해요. 빙하기 때 알래스카는 엄청 추웠겠지요. 그래서 추위를 피해 점점 남쪽으로 가다가 지금의 북미 대륙까지 내려와 살기 시작했다는 설이랍니다. 자, 어느 루트로 왔던 3만 년 전에 지금의 북미 대륙에 정착했던 이들이 '원래' 이 땅의 주인들이었어요. 그리고 시간이 한참 흐른 후에 백인 토벌대에 '악마 인디언'이라 불리며 학살당합니다. 원래 그 땅의 주인이었는데 말이죠.

그럼 이들을 인디언이라고 부르는 이유는? 간단해요. 1492년 유럽을 출발해 인도를 찾아 헤매다 '표류' 끝에 지금의 카리브해에 있는 서인도 제도에 '얼떨결'에 도착한 콜럼버스Columbus가 그 땅이 인도인 줄 알고 북미 지역의 원주민들을 '인도 사람' 즉, '인디언Indian'이라고 부르기 시작한 것이 유래예요. 정말 잘못된 표현이지요. 그래서 지금은 미국 현지에서도 원주민을 '인디언'이라고 부르는 것은 정치적으로 올바르지 못한 표현이라고 생각해 쓰지 않는답니다. 생각해 보세요. 난 분명 한국 사람인데 일본을 찾아 헤매던 어떤 서양인이 부산

<크리스토퍼 콜럼버스의 첫 상륙>, 프레더릭 케멜마이어, 1800-1805

에 도착해 우리가 일본인인 줄 착각하고 '재패니즈'라고 부르기 시작한 것이 지금두 쓰인다고 하면요. 열 받쑈.

미국은 담배 농사로 시작한 나라

많은 이들이 미국은 1620년 메이플라워호Mayflower를 타고 영국을 출발해서 지금의 보스턴 근처에 도착한 청교도들이 세운 나라라고 알고 계세요. 당연합니다. 미국인들도 그렇게 믿고 있고 또 그렇게 주장하니까요. 얼마나 멋있어요. '우리나라는 종교 박해를 피해 신앙의 자유를 찾아온 선조들이 어렵게 건국한 나라다'라는 것이요.

그러나 사실 1620년 청교도들이 신앙의 자유를 찾아 지금의 미국 땅에 도착하기 몇 년 전에 이미 북미 대륙에 도착해 있던 영국인들이 있었어요. 이미 콜럼버스의 1492년 '표류' 덕분에 서인도 제도 식민지 개발에 자극받은 런던의 투자자들이 또 다른 식민지 후보를 찾아 헤매다가, 지금의 버지니아Virginia 지역에 '우연히' 도착해 담배 농사를 짓기 시작한 것이 지금의 북미 대륙에 정식으로 정착한 첫 영국인들이었답니다. 신앙의 자유가 아니라 돈을 벌기 위해 온 것이죠. 그런데 막상 미지의 땅에 도착해 담배 농장을 운영해 보니 이건 뭐 생지옥이 따로 없었습니다. 당연히 와서 일하겠다는 사람이 영국에는 없었겠지요. 그래서 영국에서 사형수를 감형해서 데려오기도 하고, 부랑

<순례자들의 승선>, 로버트 윌터 위어, 1857
미국으로 향하는 청교도들의 모습

자, 빈민, 빚쟁이들 등 사회 밑바닥에 있던 문제아들을 다 모아서 버지
니아의 담배 농장으로 데려왔어요. 이런 이들이 바로 현재 미국의 '진
짜' 선조들이었답니다.

하여간 담배 농장으로 시작한 영국인들의 북미 대륙 식민지 건
설. 그 이후 1620년에 그 유명한 메이플라워호가 영국을 출발해 지금
의 보스턴Boston 땅에 도착했어요. 그들은 그럼 뭘 믿고 북미 대륙으로
향했을까요? 바로 이미 그곳에 가면 담배 농장이 있다는 소리를 듣고
'거기 가서 일하면서 신앙의 자유를 찾자'는 생각을 했던 겁니다. 맞아
요. 그들의 원래 목표는 북미 대륙에서도 남부에 속하는 버지니아였
어요. 그런데 배에 내비가 고장 났었는지 막상 도착해 보니까 버지니

<1670년 버지니아 담배 공장 노예들>, 작자 미상, 1670

아보다 훨씬 북쪽인 지금의 보스턴 지역이었던 겁니다. 예, 맞아요. 청
교도들이 보스턴에 도착한 건 예정되었던 계획이 아니라 '내비게이
션 고장 사고' 때문이었어요.

북미 대륙에서 충돌한
영국과 프랑스

버지니아에 처음 정착하고 나름 보스턴 지역에서 정착에
성공한 영국인들. 이 소식이 영국 본국에 알려져요. 그래서 영국에
서 '별 볼 일 없이' 살던 이들이 너도나도 기회의 땅 신대륙으로 향합
니다. 그리고 대서양 연안을 남북으로 여러 개의 식민지를 중구난방

으로 개발해요. 맞습니다. 대서양 연안에 총 13개가 만들어지는 영국의 식민지는 무슨 계획이 있어서 '종합 개발'이 된 것이 아니라 배 타고 대서양 연안에 도착한 영국인들이 그냥 '이제부터 이 땅은 내 땅'이라고 선언하고 자기들 식민지로 만든 곳이었습니다. 사실 13개의 식민지가 '하나의 행정구역'으로 통 쳐서 묶기에는 너무 넓은 땅이었어요. 그냥 각자 서로 다른 나라였다고 생각하시면 돼요.

그렇게 세월이 흘러 13개의 식민지는 사람 사는 곳으로 점차 변모해 갔어요. 그런데 이 영국 식민지 북쪽으로 프랑스도 식민지를 만든 것이 아닙니까? 그곳이 지금의 캐나다였어요. 프랑스가 지금의 캐나다에 식민지를 만들었을 때만 하더라도 서로 분쟁 같은 것은 전혀 없었어요. 분쟁이 생기기엔 너무 멀었기 때문이지요. 예를 들어 한국과 캄보디아가 같은 아시아 국가라고 해서 서로 분쟁은 안 하잖아요. 조금 과장된 예지만 당시 프랑스 식민지와 영국 식민지가 서로 그런 존재였습니다.

그런데 문제가 생겼어요. 프랑스 식민지, 그러니까 지금의 캐나다가 겨울이면 너무 추웠던 겁니다. 그래서 프랑스인들이 조금 더 남쪽으로 식민지를 확장하려고 했어요. 그럼 어떤 일이 일어난다? 맞습니다. 남쪽에 있던 영국 식민지와 필연적인 충돌이 일어나겠지요. 그런 일이 실제로 일어납니다. 바로 1755년에 발발한 '프렌치-인디언 전쟁French and Indian War'이었어요. 영국과 프랑스가 신대륙에서 전쟁을 일으킨 겁니다. 엥? 그런데 거기서 '인디언'이 왜 나오냐고요? 당시 영국은 원주민을 그냥 학살했어요. '이제부터 여기 주인은 우리니까 너희는 그냥 죽어 사라져 버려라'는 것이었지요. 사실 보스턴에 1620년에 상륙한 청교도, 즉 기독교인들두 정착에 성공한 몇 년 후 그 근방에 있던 원주민들을 다 학살해 버렸답니다. 기독교인들이 말이죠. 미국의 흑역사 중 하나였습니다.

그런 반면, 프랑스인들은 원주민들을 학살하지 않고 '물물 거래'를 했어요. 즉, 물건을 사고파는 교역의 대상으로 본 겁니다. 그런데 영국과 프랑스가 서로 붙어 버렸네. 여러분이 원주민이라면 어느 쪽 편을 드실까요? 당연히 프랑스 편이겠지요. 그래서 당시 전쟁은 '영국 vs 프랑스+원주민' 이런 구도가 되었답니다. 이후 그래서 영국인들은 이 전쟁 이름을 '프렌치-인디언 전쟁'이라고 부르기 시작했어요. 맞아요. 영국이 이긴 전쟁이니까 자기들 마음대로 전쟁 작명을 했답니다.

<프렌치-인디언 전쟁, 영국군을 기습하는 인디언들>, 헨리 대븐포트 노스럽의 삽화, 1901

방금 말씀드린 것처럼, 두 나라의 전쟁 결과, 프랑스가 그냥 박살이 납니다. 이 전쟁에서 프랑스가 패하면서 지금의 캐나다는 영국 식민지가 되었습니다. 그런데 영국이 막상 전쟁에서 이기긴 이겼는데 돈을 너무 많이 쓴 겁니다. 영국 정부는 고민에 빠져요. 쓴 돈을 메꿔야 하겠는데 영국 본국에서 세금을 올리면 고귀한 영국 시민들이 반발할 것이 뻔하니까 신대륙 식민지 주민들에게 '삥'을 뜯을 결정을 내립니다. 만만했으니까요. 영국 정부는 식민지 주민들에게 이렇게 말했어요. "어이, 식민지 주민들. 우리 영국 정부가 너희 식민지 지켜주려고 전쟁까지 했으니까 그 돈은 식민지 주민들이 메꿔주는 것은 당연한 것 아니겠어?"라고요.

미국, 드디어 독립하다

당연히 영국 식민지 주민들은 이런 영국 정부의 결정에 격렬히 반발합니다. 영국군은 반발을 무력으로 진압하고요. 그런 과정에서 식민지 주민들이 사망하는 일까지 발생해요. 식민지 주민들은 결심합니다. "이렇게 영국의 식민지로 굴욕적으로 살 바엔 우리 차라리 독립하자!" 그러고는 1775년 4월 18일, 신대륙의 영국 정부군을 상대로 전쟁을 벌이는데 그것이 바로 미국의 '독립 전쟁American Revolutionary War'이랍니다. 영국과 전쟁을 시작한 지 일 년 후인 1776년 7월 4일,

<1776년 독립선언문 작성>, 장 리언 제롬 페리스, 1776

식민지 대표들이 필라델피아에 모여 식민지 독립을 선언합니다. 바로 미국이 탄생한 순간이지요. 그래서 지금도 미국의 독립기념일은 7월 4일이에요.

영국과 식민지군 간에 치열한 전쟁 끝에 드디어 1781년, 영국은 항복합니다. 드디어 진정한 독립된 미국이 탄생한 순간이었어요. 1788년 신생국 미국의 첫 헌법이 만들어지고 제1대 대통령 조지 워싱턴George Washington이 취임하면서 세계사에 미국이 그 모습을 드러냈어요. 그런데 이런 미국의 건국은 원래 그 땅에 살고 있었던 원주민들에겐 악몽 같은 소식이었답니다.

🎥 살던 땅에서 쫓겨나는 원주민들

미국이 어느 정도 국가로서 자리를 잡은 1820년대, 미 정부는 '대서양 연안에 조그만 국가'가 마음에 들지 않았어요. 그래서 '미지의 세계'였던 서쪽으로 영토 확장에 들어갑니다. 1820년대부터 서쪽으로, 서쪽으로, 영토를 넓혀 나갔어요. 영토를 넓힌다는 것은 원래 그곳에 살고 있던 주민들에게 적절한 보상을 해주고 땅을 구입해서 넓히는 것이 아니라 그냥 치고 들어가서 땅을 빼앗고 그곳에 원래 살고 있었던 원주민은 '더욱' 서쪽으로 몰아내는 과정이었답니다.

특히 원주민 부족 가운데 '체로키족Cherokee'의 피해가 컸는데 강

1930년 체로키족 강제 이주 '눈물의 여정' 경로를 표시한 지도

제로 이주당한 부족 1만 4천 명 가운데 서쪽 새 거주 지역에 도착했을 때 겨우 1,200명 정도만 살아 왔을 정도였어요. 이 원주민의 강제 이주 과정을 '눈물의 여정The Trail of Tears'이라고 부릅니다. 미국인들은 이렇게 원주민들을 강제로 이주시킬 수 있었던 건 말도 안 되는 명분이 있었기 때문이었어요. 원주민을 학살하고 땅을 빼앗고 서쪽으로 진출하는 것은 모두 '신의 계시다'란 명분 말입니다. 그들은 '명백한 계시'를 신, 즉 기독교의 하느님으로부터 받았다고 주장하면서 원주민 사냥을 했어요.

🎥 대륙 횡단 철도는 원주민들에겐 악몽 그 자체였다

1861년부터 1865년간 미국은 남북으로 갈라져 치열한 내전을 벌였지요. 바로 '남북전쟁American Civil War'이었어요. 미국 본토에서 벌어진 처음이자 마지막 전쟁이었죠. 내전을 치르는 동안 미국은 영토 확장을 잠시 멈춥니다. 자기들끼리 전쟁하느라 바빴기 때문이죠. 이제 전쟁이 끝났으니까 다시 영토 확장을 할 시간이 왔어요. 이제 아예, 태평양 연안까지 미국 땅을 넓히자는 마음을 먹습니다. 대서양에서 출발해 태평양까지 도달할 수 있는 나라, 자기들이 생각해도 멋져 보였나 봅니다.

그래서 미 대륙을 동서로 연결하는 대륙 횡단 철로Transcontinental Railroad를 만들기 시작했어요. 그리고 전쟁이 끝난 후 바로 다음 해인 1869년, 드디어 미 대륙의 동서를 철도로 연결하는 데 성공합니다. 지금까지 서부 개척을 하려면 역마차를 타고 가야 했는데 이제는 기차

<앤티텀 전투>, 투레 데 룰스트루프, 1887
남북전쟁을 묘사한 그림

를 타고 갈 수 있게 된 겁니다. 야, 신난다! 하지만 이 철도의 개통이 원주민에게는 악몽 같은 뉴스였어요. 철도가 통과하는 지역(지금의 사우스다코타주)에서 대규모 금광이 발견된 겁니다! 철도까지 연결되어 편리하게 갈 수 있겠다, 미국의 백인들은 너도나도 그 금광을 향해 달려갔어요.

그러나 안타깝게도 그 금광이 발견된 곳은 영화 〈늑대와 춤을〉에 등장하는 실제 부족인 수족의 보금자리였던 겁니다. 백인들은 수족에게 '당장 방을 빼라'고 통보합니다. 금을 캐는 데 방해되기 때문이었죠. 1876년 1월 31일까지 수족은 모조리 다 짐을 싸서 새로 미 정부가 지정해준 보호구역으로 이사를 가라는 명령을 내려요. 1월이면 미국 북부 지역은 정말 춥습니다. 그런데 무려 400킬로를 아이와 노인들을 데리고 걸어서 이동하라는 것은 그냥 길바닥에서 죽으라는 것과 마찬가지였어요.

당시 수족의 추장이던 '웅크린 황소'는 고민에 빠집니다. 백인들의 명령대로 400킬로를 걸어가다 죽을 것인지, 아니면 맞서 싸우다 죽을 것인지 말이죠. 결국 싸우다 죽자는 결론을 내립니다. 그렇게 맞서 싸웠는데 아니 그만! 수족 원주민 전사들이 미군들을 상대로 싸워서 이긴 겁

1869년 대륙 횡단 철도 개통을 알리는 유니언 퍼시픽의 포스터, 1869

<웅크린 황소의 포획 그리고 죽음>, 커즈와 앨리슨, 1890

니다! 물론 이런 어이없는 패배에 격분한 백인 토벌대에 의해 수족 전
사들은 장렬히 전사했어요. 웅크린 황소 또한 피신하다 결국 체포되
어 총살당하고 맙니다. 그 후 웅크린 황소는 수족뿐 아니라 북미 대륙
모든 원주민들의 영웅이 되었어요. 웅크린 황소가 죽은 후 수족은 어
찌 되었냐고요? 1890년 12월 29일, 기독교인들 자신들의 성인 예수
가 태어나셨다는 성탄절 며칠 후, 백인 토벌대는 수족 마을에 쳐들어
가 마을을 초토화 시킵니다. 200여 명이 넘은 어린아이, 여자, 노인들
까지 학살했어요. 그 이후 수족은 실질적으로 멸족당했습니다.

영화 <늑대와 춤을>은 이런 미국 원주민들, 특히 수족의 비극적
인 운명을 수족의 관점에서 풀어 나간 영화랍니다. 이런 움직임을 '수

정주의 서부영화Revisionist Western'라고 해요. "이때까지 원주민을 악마로 묘사했던 것에서 벗어나, 있는 그대로의 진실을 보여주는 서부영화를 만들자"라는 운동을 말해요.

원주민들의 현실과 두 얼굴의 미국

현재 미국엔 약 50만 명의 원주민 후손들이 살고 있어요. 그들은 미 전국의 약 300개에 달하는 소위 '인디언 보호구역'에서 살고 있는데 명분은 그럴듯합니다. 원주민 후손들이 백인 주류 사회의 차별에서 벗어나 잘 살 수 있도록 만들었다는 것이죠. 그러나 사실은 그 정반대랍니다. 일단 이런 보

1868년 체결된 포트 라라미 조약에 의해 설립된 수족 보호구역, 1888

호 구역은 미국 정부의 통제를 받지 않아요. 거의 일종의 독립 지역으로 유지가 됩니다. 자체적으로 규율도 만들고 자체적으로 치안도 유지하고 자체적으로 세금도 거둬서 보호구역을 운영해요. 이렇게만 보면 원주민 천국 같지만 사실은 그렇지 않아요. 일단 보호구역 안에선 도박도 합법입니다. 마약도 일정 부분 허용이 돼요. 이렇다 보니 보호구역 안에서 자란 젊은이들은 도박과 마약에 찌들어 살면서 점점

수족의 사진, 작자 미상, 1880-1890년경

보호구역 밖에 나가 살 수 있는 능력을 상실해 간답니다. 즉, '마약과 도박도 허용해줄 테니 너희 원주민들은 영원히 원주민 보호구역 안에서 살다 죽어라'라는 말이지요.

　미국이란 나라는 여러 가지 얼굴을 가졌어요. 소위 자유 민주주의의 수호자로 볼 수도 있고 세계 경찰로 볼 수도 있겠지요. 하지만 그들의 건국 과정을 보면 미국이란 나라를 완전히 긍정적으로만은 볼 수 없는 것 또한 현실입니다. 그들이 건국 과정에서 죽이고 학살한 수많은 원주민들은 엄연히 미국 역사의 일부분이고, 그들의 후손이 지금 이 순간에도 미국 내에서 고통받고 살아가는 것 또한 엄연한 현실이니까요. 그런 현실을 있을 그대로 보여준 영화가 바로 〈늑대와 춤을〉이었습니다.

SYNOPSIS

십자군 원정 이후 기독교 연합군이 예루살렘을 탈환한 시기, 그곳을 '천국의 왕국'이라 부르며 시작되는 영화 〈킹덤 오브 헤븐〉. 수백 년에 걸쳐 떠난 십자군 원정은 무엇일까? 십자군 원정은 어떤 결과를 가져왔을까? 인류 역사상 가장 길고도 무의미한 전쟁, 십자군을 따라 이해하는 종교와 역사 이야기!

킹덤 오브 헤븐

Kingdom Of Heaven, 2005

감독	리들리 스콧
주연	올랜도 블룸, 에바 그린, 에드워드 노튼, 리암 니슨

〈킹덤 오브 헤븐〉은 1095년부터 1291년까지 무려 200년 동안 유럽의 기독교 세력과 중동의 이슬람 세력이 전쟁을 벌였던 (결국엔 기독교 세력이 진) 십자군 전쟁을 배경으로 하는 영화입니다. 자칭 타칭 '고대 로마사, 중세 유럽 전문가' 리들리 스콧 감독의 걸작 중 하나지요. 스콧 감독은 우리도 잘 알고 있는 로마 검투사를 그린 〈글래디에이터〉, 중세 영국의 〈로빈 후드〉 등의 영화로 유명합니다. 그런 스콧 감독이 '인류 역사상 가장 길고도 무의미한 전쟁'이라 비난받는 십자군 전쟁을 본격적으로 다룬 영화이지요.

십자군 전쟁은 간단히 설명해 드리자면 '기독교의 성지'인 예루살렘이 이슬람 세력에게 점령당하자 그 예루살렘을 되찾기 위해 수많은 유럽의 기사들과 각국의 왕들이 연합군을 만들어 중동으로 쳐들어간 전쟁입니다. 무려 200년에 걸쳐 8차례 원정을 떠났어요. 그래서 결국 예루살렘을 되찾았냐고요? 아니요. 실패했습니다. 그래서 역사적으로 아무 의미가 없는 전쟁이란 욕을 받는 겁니다.

영화 〈킹덤 오브 헤븐〉은 1, 2차 십자군 원정 이후에 기독교 연합군이 성지 예루살렘을 이슬람 세력으로부터 탈환한 후 그곳을 '천국의 왕국'이란 뜻의 '킹덤 오브 헤븐'이라고 부르고 통치하면서 서로 권력 싸움을 하는 과정을 그린 영화랍니다. 서로 치고받고 싸우다가 결국 이슬람 세력에게 예루살렘을 또 빼앗기게 되는 과정까지 보여줘요. 영화는 마지막에 이런 비장한 대사를 남기지요. "예루살렘이란 무엇인가? 모든 것이기도 하고 또 아무것도 아니기도 한 도시다."

📹 십자군 전쟁이 일어났을 당시 유럽 상황

한때 유럽과 지중해 지역을 쥐락펴락했던 로마 제국도 약 3세기경 힘이 많이 약해졌습니다. 그래서 당시 로마 황제들은 고민했어요. "이 덩치 큰 제국을 다 한꺼번에 통치하는 건 힘들다. 그냥 땅을 포기하자"라고요. 어느 땅을 포기할까, 고민하던 로마는 그냥 로마를 동서로 나눠서 당시로선 '알짜배기 땅'이었던 동쪽으로 제국의 대부분을 이사시킵니다. 로마가 동로마, 서로마로 나뉜 겁니다. 지금이야 당시 서로마 땅에 프랑스, 독일 등 서방 선진국들이 자리 잡고 있고,

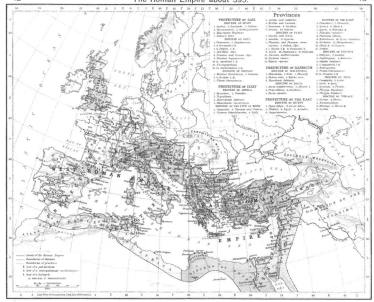

<서기 395년 로마 제국>, 윌리엄 셰퍼드, 1923

당시 동로마 땅엔 '상대적으로' 가난한 터키, 그리스 등이 있지만 로마가 둘로 나뉠 당시는 상황이 180도 달랐어요. 동로마 지역은 비옥하고 농사도 잘되었지만 서로마 지역은 그냥 '허허벌판'이었어요. 당연히 농사도 잘 안되었고요.

　　서기 395년, 로마가 동서로 나눠지고 각각 동로마 황제, 서로마 황제가 들어섰어요. 동로마를 '비잔틴 제국Byzantine Empire'이라고도 부르는데 그 이유는 동로마의 수도였던 '콘스탄티노플Constantinople'의 옛 이름이 '비잔티움Byzantium'이었기 때문이랍니다. 당시 아주 잘 살았던 동로마는 그 이후로도 1453년, 최종 멸망할 때까지 천 년 넘게 잘 먹고 잘 살았어요. 그런 빈면 서로마는? 일단 '로마로부터 버려진 땅'이었지요. 간신히 근근이 먹고 살던 서로마는 동서 분열 이전부터 호시탐탐 로마 제국을 노리던 '야만인' 게르만족이 쳐들어와서 결국 버티다 476년에 멸망하고 맙니다.

게르만족에게 점령당한 '옛' 서로마 땅엔 원시적인 프랑스, 독일, 이탈리아 등의 '꼬마' 국가들이 들어서기 시작했어요. 동쪽의 동로마 제국은 로마의 전통을 이어받아 건실한 제국을 유지하면서 '황제'가 나라를 다스렸던 반면, 여러 개의 자잘한 국가들로 쪼개진 서로마의 옛 땅의 꼬마 국가들은 서로마에서 방귀 좀 뀌었던 가톨릭 교황의 명령을 받던 상황이었어요. 이건 꼭 기억하세요. 동로마는 '동로마 황제'가 다스렸던 반면, 한때 서로마 땅에 들어선 꼬마 국가들은 '교황'의 지배를 받았다는 사실을요.

약 천 년 동안 지금의 터키, 그리스 지역을 떵떵거리며 통치했던 동로마 제국. 그러나 영원한 권력이란 없듯이 11세기에 들어서 동로마의 힘은 서서히 빠지기 시작했어요. 특히 동쪽에서 밀고 들어오는 이슬람 세력과 충돌하면서 내상을 입기 시작했답니다. 밀려오는 이슬람 세력 가운데 중앙아시아에 '짜잔' 하고 등장을 한 '셀주크 튀르크Seljuk Türk'란 유목 민족이 정말 위협적이었어요. 동로마와 셀주크 튀르크 간의 첫 대규모 전투는 1071년, 지금의 터키 동쪽 끝 지역에 있는 '만지케르트'에서 일어난 '만지케르트 전투Battle of Manzikert'였어요. 결과는? 동로마군이 박살 났답니다. 심지어 동로마 제국의 황제가 셀주

<만지케르트 전투>, 조반니 보카치오 『유명인들의 운명에 대하여』 속의 삽화, 15세기

크군의 포로로 잡히는 망신까지 당해요. 그리고 결정적으로 당시 동로마가 지배하던 성지 예루살렘Jerusalem을 셀주크에 빼앗기는 일이 발생한 겁니다!

　다행히(?) 셀주크는 포로로 잡힌 동로마 황제를 풀어줍니다. 동로마 입장에선 망신도 그런 망신이 없었죠. 목숨의 위협도 받고 또 성지 예루살렘을 이슬람에게 빼앗긴 동로마는 자존심 상하지만 옛 서로마 지역의 실권자 교황에게 SOS를 쳤어요. "어이, 동로마와 가톨릭은 서로 같은 기독교 예수님을 믿는 친구잖아. 좀 도와줘"라고요. 아, 당시 동로마는 '정교회'(말 그대로 진짜 정식 기독교)를 믿고 있었고 서로마 지역은 '일반적인 종교'란 뜻의 가톨릭을 믿고 있었어요. 둘 사이 가장 큰 차이는 가톨릭은 '성물聖物' 즉, 성모 마리아상 같은 성스러운 물건을 허락한 반면, 정교회는 성모 마리아상 같은 성인의 상을 만드는 것을 우상 숭배로 봤다는 점이랍니다.

가톨릭 교황, 동로마를 도와주기로 결심

당시 가톨릭 교황은 '우르바노 2세Pope Urban II'였어요. 교황은 고민에 빠집니다. 동로마가 SOS를 쳤는데 도와줘야 할지 말지를요. 그러다가 도와주기로 합니다. 사람이 좋아서? 같이 예수님을 믿는 종교라서? 아닙니다. 사실 이 교황 아저씨는 이 지구상에서 '유일한 기독교의 수장'이 되고 싶었어요. 그래서 동로마를 도와준 후 동로마의 정교회까지 자기 발밑에 두고 가톨릭과 정교회 둘 모두의 수장이 되고 싶은 야심이 있었답니다. 그래서 원군 파병에 오케이를 해준 겁니다.

1095년, 교황은 지금의 프랑스 클레르몽Clermont이란 곳에서 공식 선언을 합니다. "여러분! 지금 동로마 지역의 우리 예수님 형제들이 이슬람 악마들에 의해 고통을 당하고 있습니다! 그리고 우리 기독교 성지인 예루살렘을 악마 이슬람에게 빼앗겼습니다! 우리 힘을 모아서 성지 예루살렘을 되찾읍시다!" 얼마나 좋은 명분입니까. '악마 이슬람이 빼앗은 우리 예루살렘을 되찾자!'는 것이요. 그리고 교황은 이런 말까지 합니다. "이건 신께서 원하시는 일입니다"라고요. 그걸로

<클레르몽에서 설교 중인 교황 우르바노 2세>, 장 콜롱베, 1474년경

게임 끝이었어요. 아니, 하느님의 원하시는 일이라는데 누가 감히 거부한단 말입니까? 이렇게 십자군 원성은 시작이 돼요. 명분은? '성지 예루살렘 탈환'이었어요.

여기서 잠깐!
이슬람교란 어떤 종교?

　　이슬람은 아랍어로 '절대 순종'이란 뜻입니다. 서기 610년, 지금의 사우디아라비아 지역에서 만들어진 종교인데 흥미로운 것은 이슬람과 지금의 기독교는 뿌리가 같다는 것입니다. 모두 '아브라함 Abraham'이란 할아버지에서 뿌리를 내린 종교들이기 때문입니다. 아브라함은 '사라Sarah'라는 여인과 결혼했어요. 하지만 둘 사이에 아들이 없어 고민하던 아브라함은 '하갈Hagar'이란 첩을 둡니다. 그리고 하갈은 아들 '이스마엘Ishmael'을 낳아요. 아브라함의 장남인 것이지요. 물론 어머니는 정실부인이 아니라 첩이었지만요. 그러다 아브라함이 100살이 되던 해 기적이 일어납니다. 정실부인 사라와의 사이에서 아들이 태어난 것이죠! 이름은 '이삭Isaac'이라고 지어줘요. 맞아요. 영어식 발음은 '아이작'이에요.

　　여기서 아브라함은 고민에 빠져요. 이스마엘이 장남이었지만 첩의 아들이었던 반면 이삭은 차남이었지만 정실부인 사이에서 태어났기 때문입니다. 그리고 고민 끝에 자기의 재산을 둘째인 이삭에게

<하갈의 추방>, 바렌트 파브리티우스, 1660-1670년경

물려주기로 합니다. 그리고 첩인 하갈과 이스마엘을 멀리 쫓아 보내
요. 물론 "너희들은 나를 섭섭하게 생각하지 마라. 너희들도 따로 큰
민족을 이루고 살게 될 것이다"라는 위로(?)의 말도 남깁니다. 결론적
으로 말하면 쫓겨난 하갈과 이스마엘이 나중에 아랍인, 즉 이슬람교Is-
lam의 시조가 되고 사라와 이삭은 유대교Judaism의 시조가 된답니다. 아
시다시피 유대교에서 나중에 기독교Christian가 갈라져 나오지요. 그래
서 아브라함은 흥미롭게도 이슬람, 유대교, 기독교의 공통 조상이 돼
요. 그리고 이 아브라함의 주 활동 무대였던 예루살렘은 이 세 종교의
공통 성지가 되기도 한답니다.

　　우리가 이슬람 하면 테러, IS 등으로 폭력적인 종교로 알고 있는

데 그건 큰 오해예요. 이슬람교의 기본 정신은 '사랑과 포용 그리고 평화'랍니다. 서기 610년에 만들어진 이슬람은 정말 너무도 빠른 속도로 지금의 아랍 지역뿐 아니라 지중해, 북아프리카 지역에 전파가 됩니다. 그건 무력으로는 절대 이뤄질 수 없는 속도였어요. 그 빠른 전파의 비결은? 바로 '관용'이었습니다. 이슬람은 일단 정복한 지역의 주민들을 절대 죽이거나 해를 입히지 않았습니다. 왜? 세금을 걷기 위해서. 즉, 세금만 꼬박꼬박 내면 정복지 주민들을 원래 살던 방식 그대로 살게 허용해줬어요. 종교는? 원래 정복지 주민들이 믿던 종교 그대로 믿도록 허용해줬답니다. 심지어 이슬람으로 개종하면 세금까지 면제해줬어요. 그래서 너도나도 이슬람으로 개종하기 시작한 것이죠. 모두 다 세금 안 내려고 이슬람으로 개종하다 보니 '타민족 이슬람 개종 금지'까지 한 적도 있답니다. 이런 '관용'으로 이슬람은 급속도로 세를 불리게 됩니다. 참, '이슬람'은 종교의 이름이고 이 이슬람교를 믿는 신도들을 '무슬림Muslim'이라고 합니다.

시작부터 꼬이기 시작한 1차 십자군 원정

교황의 명령에 따라 프랑스, 독일 등 각국의 기사들(싸우는 것을 직업으로 하는)은 '유럽 연합군'을 결성해서 예루살렘 쪽으로 출발하려고 했어요. 그런데 이 기사들, 즉 정규군 이전에 먼저 출발한 사

<농민 십자군에게 연설하는 은둔자 피에르>, 제임스 아처, 1883

람들이 있었습니다. 교황이 "가서 싸우자! 예루살렘을 탈환하자!"라
는 외침에 '은둔자 피에르Peter the Hermit'란 사이비 수도자가 가장 먼저 반
응을 보였어요. 이 피에르란 수도자는 "난 이미 예루살렘에 간 적이
있다. 그리고 꿈에 성 베드로가 나와 나보고 무슬림들을 다 죽이고 예
루살렘을 탈환하라는 지시를 내렸다"라고 주장하고 다녔어요. 딱 봐
도 정상이 아니었죠. 참고로 베드로의 영어식 발음이 '피터'고 프랑스
식 발음이 '피에르'랍니다. 이 '피에르'라는 수도자는 자신과 '베드로'
간의 뭔가의 영적 관계가 있다고 믿었던 좀 이상한 사람이었어요.

그런데 이 은둔자 피에르의 말도 안 되는 주장에 가난한 농민들
이 반응을 보였어요. 당시 유럽은 심각한 기근으로 많은 이들이 굶어

<농민 십자군의 학살>, 장 콜롱베, 1474년경

죽던 상황이었거든요. 농민들은 "이래 죽으나, 저래 죽으나, 예루살렘 원정 까짓것 한번 가 보자. 가서 정말 예루살렘을 탈환하면 죽어서 천국이라도 가겠다"라는 자포자기 심정으로 피에르를 따랐던 겁니다. 그렇게 '비공식 농민 십자군'이 얼떨결에 피에르에 의해 조직되었답니다. 그리고 교황의 명령을 따라 기사들로 꾸며진 공식 십자군이 출발하기도 전에 이 농민군들이 먼저 예루살렘 쪽으로 출발하기 시작했어요! 교황도 농민군이 먼저 출발했다는 사실을 몰랐어요. 이 농민군을 역사에선 '민중 십자군' 또는 '농민 십자군'이라고 부릅니다.

농민 십자군은 완전 오합지졸 그 자체였답니다. 일단 예루살렘을 향해 출발은 했는데 예루살렘이 정확히 어디 있는지도 모르고 그냥 출발한 겁니다! 뭐, 내비가 있었던 것도 아니고 정확한 지도가 있었던 것도 아니었기 때문이지요. 그냥 막연하게 동쪽으로 계속 가다 보면 나올 것이라는 생각으로 그냥 출발한 겁니다. 그런데 정말 동쪽으로 계속 가니까 '유대인'들이 나온 겁니다! 농민 십자군은 그곳을 예루살렘으로 착각했어요. 그러나 사실 그곳은 지금의 독일 지방이었고, 유대인들은 예루살렘을 떠나 독일 지방에서 떠돌이 생활을 하던 사람들이었어요. 그곳이 예루살렘이 아니라는 사실에 농민들은 실망과 격분을 했지요. 그리고 분풀이를 엉뚱하게 유대인들에게 합니다. 유대인들을 닥치는 대로 죽이기 시작한 겁니다. 이 농민 십자군의 독일 지역 유대인 학살이 유럽에서의 첫 대규모 유대인 학살로 기록됩니다.

먹을 것 등도 준비를 안 하고 출발했던 농민 십자군은 가는 곳곳마다 약탈을 벌였어요. 뭐, 자기들도 먹어야 하니까요. 주민들이 반발하면 "우리는 신의 뜻을 받들고 가는 십자군이야! 이 악마들!"이라며 학살했지요. 이런 엽기적 행동을 동로마 제국의 황제도 보고를 받습니다. 그리고 엄청 우려하기 시작했어요. 일단 농민 십자군이던, 기사가 이끄는 정식 십자군이던, '중간 기착지'는 동로마 제국이었으니까요. 왜? 십자군을 보내달라고 처음 요청을 한 곳이 동로마 제국이잖아요. 동로마에 일단 가서 동로마 황제에게 "우리 왔다. 너희 도우러" 인사하고 지원도 좀 받고 그 다음에 예루살렘을 향해 갈 예정이었거든요. 그런데 원래 오기로 한 기사단 십자군 대신 '농민 무법천지 거지떼'가 몰려온다고 하니 걱정이 이만저만이 아니었습니다.

우여곡절 끝에 농민 십자군은 동로마의 수도인 콘스탄티노플에 도착했어요. 동로마 황제는 하루빨리 이 무법자들을 처리하고 싶었지요. 그래서 빨리 선박을 내주면서 '보스포루스 해협Bosporus Strait'을 건너 지금의 터키인 소아시아 지역으로 건너가라고 부탁해요. 소아시아 지역은 원래 동로마의 영토였는데 이슬람 세력에게 점령당한 곳이었거든요. 한마디로 "빨리 적진에 들어가 싸워라"라는 주문이었어요. '근거 없는 자신감'에 충만했던 농민군은 그 말을 듣고 보스포루스 해협을 넘어 소아시아로 들어갑니다. 그런데 말이 해협이지 보스포루스는 폭이 좁은 곳이 1킬로가 안 돼요. 한강의 폭이 무려 2킬로인데도요. 이 '보스포루스'란 말의 뜻 자체가 '소가 뛰어넘을 수 있는'이랍니다. 그만큼 좁은 해협이지요. 해협을 건너간 농민군은 어찌 됐을까요? 뭐, 뻔한 결론이지만 이슬람군에게 전멸당합니다.

십자군, 결국 예루살렘을 되찾다

농민 십자군이 박살 난 후 1098년 8월, '첫 정식' 십자군인 프랑스, 독일 등 '연합' 기사단 십자군이 유럽을 출발해 동로마 수도에 도착했어요. 동로마 황제는 정말 기뻐했다고 하지요. 드디어 교황이 약속한 대로 잃어버린 예루살렘과 소아시아(지금의 터키)를 찾을 수 있게 된 것이니까요. 유럽 기사단의 위력은 대단했어요. 하긴, 평생을 싸움만 하고 살아온 기사들이잖아요. 소아시아를 지난 십자군은 지금의 이스라엘 땅을 북쪽에서 해안을 따라 주욱 아래로 내려갑니다. 내려가면서 에데사Edessa, 안티오크Antioch 등 이슬람 거점 도시들을 차례로 박살 내고 점령해요. 십자군은 정말 잔인했습니다. 점령하는 이슬람 도시마다 남녀노소 가릴 것 없이 모두 학살했어요. 기록에 따르면 거리에 흘러넘치는 피가 사람 발목까지 찰 정도로 대학살극을 벌였다고 합니다.

그리고 드디어 다음 해인 1099년 6월 7일, 십자군은 예루살렘에 도착합니다. 이슬람 입장에서도 예루살렘은 절대 포기할 수 없는 성이었어요. 왜? 자기들 이슬람교의 성지이기도 했으니까요. 기독교의 십자군, 그리고 성을 지키는 이슬람 전사들은 정말 목숨을 건 치열한 공방을 벌입니다. 그리고 7월 13일, 십자군은 결국 예루살렘의 성문을 부수고 돌격해 들어갔어요. 예루살렘을 정복한 십자군은 성안의 모든 무슬림들을 또 학살합니다. 어린아이, 여자, 노인 가릴 것 없이

<1099년 1차 십자군의 예루살렘 포위전>, 작자 미상, 14세기 추정

약 1만 명이 희생당했답니다. 하여간 십자군의 원정 목표는 달성했어요. 바로 예루살렘!

십자군, 약속을 어기고 예루살렘을 차지하다

자, 이제 약속을 지킬 시간이죠? 십자군이 원정을 온 목표는 예루살렘을 되찾은 후 원주인인 동로마에게 돌려주는 것이었잖아요. 그런데 예루살렘을 차지한 십자군이 그냥 그곳에 눌러앉아 버립니다! 십자군 입장에선 정말 그 먼 길을 목숨 걸고 전투하며 차지한 땅인데 그냥 동로마에게 돌려주기 아까웠던 겁니다. 그리고 다시 유럽 자기들 나라로 돌아간다고 해도 다시 그냥 '기사'로 돌아가는 것이잖아요? 그래서 십자군은 예루살렘에 전입 신고를 한 후 자기들의 왕국을 세우기로 합니다. 그러면 자기들도 '왕' 한번 해 볼 수 있으니까요. 즉, '킹덤 오브 헤븐(천국의 왕국)'을 세우기로 한 겁니다.

예루살렘에 왕국을 세운 십자군은 나라를 제대로 다스렸을까요? 그럴 리가요. 세월이 약 1백 년이 흐른 1174년경부터 이 예루살렘 왕국, 즉 킹덤 오브 헤븐은 슬슬 콩가루 집안이 되기 시작했어요. 당시 예루살렘의 왕은 '보두앵 4세Baudouin IV'였는데 나병 환자에 아주 겁이 많은 사람이었어요. 바로 이 시점부터가 영화 〈킹덤 오브 헤븐〉의 무대가 됩니다. 이 나약한 '보두앵 4세' 역할을 '에드워드 노튼'이 연기

<몽기사르 전투, 1177>, 샤를-필립 라리비에르, 1842-1844
보두앵 4세와 살라딘의 전투 모습

했어요. 영화를 보면 보두앵 4세가 계속 황금 가면을 쓰고 나오는데 그가 나병 환자였기 때문입니다. 또 영화에선 아주 용감한 왕으로 나오지만 사실은 그렇지 않았습니다. 영화가 많이 각색한 것이죠.

이런 정치적 난장판 와중에 프랑스에서 한 건달이 예루살렘으로 넘어옵니다. 당시 나병 환자 왕인 보두앵 4세에겐 '시빌라Sibylla'라는 누나가 있었어요. 영화에서 '에바 그린'이 그 역할을 하지요. 대단히 야심도 있었고 또한 '뜨거운 사랑'을 원했던 과부였답니다. 일찍 남편이 죽었어요. 그런데 프랑스에게 건너온 '기Guy'란 건달이 꽤 잘 생겼던 것 같습니다. 시빌라는 이 건달 '기'와 뜨거운 사랑에 빠집니다. 영화에선 시빌라가 '발리앙(올랜도 블룸)'과 사랑에 빠지는 설정으로

나오는데 그것도 사실이 아닙니다. 하여간
병약했던 보두앵 4세가 죽고 나서 예루살
렘 왕국은 왕의 누나 시빌라, 그리고 왕의
매형(?)인 '기'가 통치하는, 즉 두 명의 왕
이 나라를 다스리는, 형이상학적으로 웃기
는 짬뽕과 같은 상황이 연출됩니다.

<기와 시빌라의 결혼>,
작자 미상, 13세기

　　이런 콩가루 집안 국가를 이슬람은
가만두지 않았어요. 왜? 예루살렘을 되찾
을 절호의 기회였기 때문이지요. 당시 이
슬람군은 '살라딘Saladin'이라고 하는 전설의 영웅이 지휘하고 있었어
요. 그것만 봐도 게임 끝이죠. 자, 이제 전직 프랑스 건달, 지금은 예루
살렘의 왕 '기'가 지휘하는 예루살렘군, 그리고 살라딘이 이끄는 이슬
람군의 격돌이 시작됩니다. 결과는? 기가 이끄는 예루살렘군의 대패
였어요. 1187년 10월 2일, 예루살렘은 다시 이슬람의 손으로 넘어갑
니다.

　　그런데 이슬람의 영웅 살라딘은 '패잔병' 기독교인들을 좀 달리
대접했어요. 일단 전투에서 진 예루살렘의 왕 '기'를 살려주고 또 '왕'
으로 대접해줬답니다. 그리고 예루살렘 성안의 기독교 신자들을 다
살려 줬어요. 심지어 유럽으로 돌아가는 기독교 신자들이 만일 여비
가 없다면 자기 돈까지 털어서 '곱게' 보내줬습니다. 이슬람 성을 점령
하면 그 안의 남녀노소를 다 죽여 버렸던 기독교 십자군과는 정반대
의 모습을 보인 겁니다. 아직까지 기독교 유럽에서도 다른 무슬림들

<하틴 전투>, 귀스타브 도레, 19세기
기와 살라딘의 전투 장면, 예루살렘군의 패배

은 다 비난하지만 이 '살라딘'만큼은 절대 비난하지 않아요. 심지어 존
경까지 해요. 그 깐깐한 이탈리아의 독설가 '단테Dante'조차 "살라딘은
위대한 이교도다"라고 칭찬했을 정도였어요.

열 받은 교황, 또 시작된 십자군 원정

　　예루살렘을 다시 이슬람에게 빼앗겼다는 소식에 유럽은 경악했습니다. 특히 당시 교황인 우르바노 3세Pope Urban III는 그 소리를 듣고 그만 심장마비로 죽어 버려요. 그리고 바로 다음 교황은 3차 십자군 원정을 명령합니다. 그래서 그 유명한 영국의 '리처드 왕Richard I'이 십자군을 이끌고 예루살렘으로 향해요. 리처드 왕은 '사자심왕The Lionheart'이란 별명으로 유명하지요. '사자의 심장을 가졌다'는 소리를 들을 정도로 용맹한 왕이었습니다. 예루살렘에 도착한 리처드 왕과 잉글랜드 십자군은 이슬람의 영웅 살라딘과 치열한 결전을 펼쳤답니다. 그러나 결과적으로 예루살렘의 완전한 탈환은 실패했어요.

　　그러면 다음은? 그렇죠. 1198년, 바로 4차 십자군 원정이 시작됩니다. 당시 교황은 인노첸시오 3세Pope Innocent III란 인물이었는데 바로 '완전한 예루살렘 탈환'을 전 유럽 국가들에게 명령합니다. 문제는 말이죠. 이 4차 십자군 원정이 200년 동안의 모든 십자군 원정 가운데 가장 '삘짓'이었다는 겁니다. 예루살렘 근처에도 가 보지도 못하고 같은 기독교 신자들만 엄청 죽여 버린, 미친 짓거리를 한 원정이었기 때문입니다.

　　프랑스의 '젊은' 기사들로 꾸려진 4차 원정군. 이들은 육로로 힘들게 가는 대신 배를 타고 지중해를 가로질러 바로 예루살렘 앞바다로 가서 성을 공격한다는 기똥찬 아이디어를 냈어요. 문제는 배가

<자라시를 정복하는 십자군>, 안드레아 비첸티노, 1580년

없다는 거였어요. 그래서 항구도시 베네치아의 '단돌로^{Dandolo}'라는 재력가에게 배를 임대합니다. 약 3만 명이 탈 배들과 3만 명이 먹을 식량을 계약 맺어요. 단돌로는 일단 외상으로 배와 식량까지 다 준비했답니다. 그런데 또 문제가 발생해요! 원래 오기로 한 3만 명은 오지 않고 겨우 1만 명 정도만 도착한 겁니다. 막상 십자군으로 가려고 해보니 겁이 났던 것이지요. 상대적으로 '젊은 기사'들이다 보니 '일단 간다!' 하고 욱하는 심정으로 지원했지만 막상 떠나려니 '내가 뭔 결정을 한 거지?' 하는 두려움이 들었던 겁니다.

그런데 단돌로는 그딴 사정 따위는 걱정해주는 사람이 아니었어요. 바로 십자군에게 가서 "돈 갚아, 이 자식들아" 협박합니다. 십자군에게 돈이? 당연히 없었지요. 당황해하는 십자군에게 단돌로는 한 가지 엽기적인 제안을 했어요. 베네치아 바로 밑, 지금의 크로아티아에 위치한 '자라^{Zadar}'라는 도시를 공격해 달라는 제안을요. 자라시는 베네치아의 경쟁 도시였거든요. 단돌로는 십자군이 돈을 갚는 대신 그 도시를 공격해 달라고 한 겁니다. 문제는, 자라시도 기독교를 믿는 도시였다는 것! 십자군의 결정은? 눈 딱 감고 그냥 공격하는 것이었습니다. 왜? 돈 갚아야 하니까요. 비극의 시작이었어요. 기독교군이 같은 기독교 도시를 공격하다니! 같은 기독교 신자들을 학살하다니!

돈맛에 눈을 뜬 십자군은 이미 칼에 피를 묻힌 김에 같은 기독교 국가이자 이 모든 십자군 원정이 시작된 이유였던 동로마 제국까지 쳐들어갑니다. 왜? 돈 때문에요. 동로마 제국이 가지고 있던 금괴 등의 재물이 탐났던 겁니다. 1204년 4월 9일, 십자군은 콘스탄티노플

- <1204년 십자군의 콘스탄티노플 정복>, 다비드 오베르, 15세기
- <십자군의 콘스탄티노플 함락>, 외젠 들라크루아, 1840

을 공격해 주민들 대학살에 들어갑니다. 같은 기독교인들이 또 다른 기독교인들을 학살한 겁니다. 동로마 제국은 일순간 생지옥이 되어 버려요. 이 대학살 기간, 동로마 제국의 그 화려했던 문화와 예술 유산 대부분이 다 파괴됩니다. 지금도 터키 등을 여행해보면 동로마 역사 유적이 거의 없는 이유가 이때 십자군이 다 파괴해 버렸기 때문입니다. 이렇게 동로마를 쑥대밭으로 만들어 놓은 십자군은 그 이후에 예루살렘엔 가지도 않고 다시 유럽 고향으로 돌아갑니다. 왜? 돈을 챙길 만큼 챙겼기 때문이지요.

이런 식으로 1291년 5월 18일까지 십자군은 총 8차례 원정을 떠났어요. 예루살렘을 탈환하기 위해서 무려 200년 동안이요. 수많은 교황이 바뀌었고 수많은 기독교 기사단이 사망했지요. 4차 원정 때는 심지어 십자군이 같은 기독교 신자들을 대학살하는 참극까지 일어났어요. 그 결과는? 예루살렘 탈환 실패였습니다. 1291년 5월 18일, 이슬람 세력이 지금의 이스라엘 땅에 있던 기독교 왕국들, 즉 '킹덤 오브 헤븐'을 다 점령하고 멸망시킴으로써 십자군 원정은 유럽 기독교 세력의 완패로 막을 내립니다.

십자군 원정을 통해 보는
종교란 무엇인가

십자군 원정은 '종교란 무엇인가'라는 화두를 우리에게 던져 줍니다. 과연 종교가 다르다는 이유만으로 수많은 무고한 남녀노소들을 다 학살해도 되는지, 그것이 과연 신이 진정으로 원하는 것인지, 정말 신이 그런 무자비한 정벌을 원했다면 그 신은 정말로 인간을 위한 신인지 하는 화두 말입니다. 기독교 세력과 이슬람 세력이 세계사 주도권을 놓고 무려 200년 동안 싸웠던 십자군 전쟁. 이 잔인한 역사는 우리에게 한마디를 던져 줍니다. 바로 십자군 원정을 시작했던 교황 우르바노 2세가 유럽 기독교인들에게 호소한 "이 전쟁을 신이 원하신다!"라는 말을요. 영화 〈킹덤 오브 헤븐〉을 통해 그 답을 찾아보시는 건 어떨까요?

에필로그

영화 스승님이셨던 고故 신상옥 감독님께 배운 여러 가지 공부 중 가장 가슴에 남아 있는 것은 바로 이 가르침이었습니다. "영화를 이해하기 위해선 그 영화의 배경이 되었던 시대상과 역사를 이해해야 한다. 그것이 훌륭한 감독이 되는 길이다"란 가르침이죠.

사실, 요즘 제가 역사 방송과 강의를 하면서 '역사 전공자도 아닌데 역사 관련 일을 한다'는 비판을 많이 받습니다. 맞습니다. 전 역사 전공자가 아닙니다. 하지만 그 누구보다도 역사 공부를 많이 했다고 생각합니다. 그 이유는 제 본업인 영화를 더욱 이해하기 위해서였습니다.

'서부 영화에서 왜 카우보이들이 총을 자기 마음대로 쓰나'를 알기 위해 미국 서부 개척사를 공부했고 또 미국 총기 규제의 역사를 공부했어요. 심지어 '카우보이는 왜 서부에 등장했을까'도 열심히 도서관 찾아가서 공부했답니다. 또 영화 〈마지막 황제〉를 이해하기 위해서 만주족은 어떻게 한족의 중국 대륙을 장악했으며, 소수의 만주족은 어떤 방식으로 절대다수인 한족을 통치할 수 있었을까, 그리고 왜 청나라는 멸망했고 만주국이란 나라는 어떤 과정으로 탄생했을까를 이해하기 위해 중국사도 파고들었습니다.

역사 전공자가 아님에도 역사 관련 일을 하고 있는 제가 할 수 있는 일은 무엇일지 많이 고민을 했습니다. 그리고 제가 내린 결론은 '영화를 통한 역사 이해하기'라는 길을 최대한 여러분께 보여드리는 것이었습니다.

영화는 많습니다. 이 책에서 소개해 드린 열 개의 영화 말고도 여러분께 소개해 드릴 영화는 많이 있어요. 앞으로도 영화를 통해 역사를 이해할 수 있도록 영화 관련 출간을 꾸준히 하겠습니다. 그리고 역사가 단순한 암기 과목이 아닌 지난 세월을 살아간 사람들의 울고 웃었던 삶의 기록이란 것을 여러분께 계속 전해드리겠습니다. 여러분의 많은 성원 부탁드립니다. 감사합니다.

썬킴 올림

도판 출처

p.21 https://commons.wikimedia.org/wiki/
File:Zhou_dynasty_1000_BC.png; p.22 https://
fr.m.wikipedia.org/wiki/Fichier:History_of_King_Yu.
jpg; p.27 https://commons.wikimedia.org/wiki/File:
%E6%88%B0%E5%9C%8B%E4%B8%83%E9%9
B%84%E5%9C%B0%E5%9C%96-zhtw.png; p.28-
1 https://commons.wikimedia.org/wiki/File:XiMuLiX-
in.jpg; p.28-2 https://commons.wikimedia.org/wiki/
File:Statue_of_Shang_Yang.jpg; p.29 https://
commons.wikimedia.org/wiki/File:%E5%91%82%E4
%B8%8D%E9%9F%8B.jpg#/media/File:呂不
韋.jpg; p.31 https://commons.wikimedia.org/wiki/
File:Qinshihuang.jpg#/media/File:Qinshihuang.jpg;
p.36 https://new.qq.com/rain/
a/20220327A08O8X00; p.38 https://commons.
wikimedia.org/wiki/File:Assassination_attempt_on_
Qin_Shi_Huang.jpg#/media/File:Assassination_at-
tempt_on_Qin_Shi_Huang.jpg; p.48 https://
commons.wikimedia.org/wiki/File:Toyotomi_Hidey-
oshi_c1598_Kodai-ji_Temple.png#/media/File:Toyoto-
mi_Hideyoshi_c1598_Kodai-ji_Temple.png; p.55
https://ko.wikipedia.org/
wiki/%EC%84%A0%EC%A1%B0_
(%EC%A1%B0%EC%84%A0)#/me-
dia/%ED%8C%8C%EC%9D%BC:Chosen_oh_
tozhou_wo_shirizoku.jpg; p.56-1 https://kyudb.snu.
ac.kr/book/view.do?book_cd=GK10511_00; p.56-2
https://kyudb.snu.ac.kr/book/view.do?book_
cd=GK10464_00; p.59-1 https://kyudb.snu.ac.kr/
book/view.do?book_cd=GK15752_00; p.59-2
https://commons.wikimedia.org/wiki/File:Atake-

bune3.jpg#/media/File:Atakebune3.jpg; p.61 https://
commons.wikimedia.org/wiki/File:Wakisaka_Yasuha-
ru_2.jpg#/media/File:Wakisaka_Yasuharu_2.jpg; p.67
https://commons.wikimedia.org/wiki/File:Daimyo_
Konishi_Yukinaga_Ukiyo-e.jpg; p.69 https://
ko.wikipedia.org/wiki/%ED%8C%8C%EC%9D%B-
C:%EC%B9%A0%EC%B2%9C%EB%9F%89_%E
D%95%B4%EC%A0%84.jpg#/media/파일:칠천
량_해전.jpg; p.71 https://kyudb.snu.ac.kr/book/
view.do?book_cd=GR36096_00; p.73 https://
commons.wikimedia.org/wiki/File:%ED%9A%8C%E
B%B3%B8%ED%83%9C%ED%95%A9%EA%B8
%B0%EB%AA%85%EB%9F%89%ED%95%B4%
EC%A0%84%EB%8F%84.jpg; p.79 https://
commons.wikimedia.org/wiki/File:Jeorg_Breu_Elder_
A_Question_to_a_Mintmaker_c1500.png#/media/
File:Jeorg_Breu_Elder_A_Question_to_a_Mintmaker_
c1500.png; p.82-1 https://qr.ae/prbjUi; p.84-85
https://commons.wikimedia.org/wiki/File:Raffa-
el_058.jpg#/media/파일:Raffael_058.jpg; p.87-2
https://hrc.contentdm.oclc.org/digital/collection/
p15878coll100/id/2664/rec/1; p.90-1 https://
commons.wikimedia.org/wiki/File:Lucas_Cranach_
d.%C3%84._-_Martin_Luther_1528_(Veste_Co-
burg).jpg; p.90-2 https://commons.wikimedia.org/
wiki/File:John_Calvin_Museum_Catharijneconvent_
RMCC_s84_cropped.png#/media/File:John_Calvin_
Museum_Catharijneconvent_RMCC_s84_cropped.png;
p.92 https://commons.wikimedia.org/wiki/
File:Catherine-de-medici.jpg#/media/File:Catherine-
ine-de-medici.jpg; p.93 https://fr.wikipedia.org/
wiki/Henri_II_(roi_de_France)#/media/Fichier:Tour-
nament_between_Henry_II_and_Lorges.jpg; p.94
https://commons.wikimedia.org/wiki/File:Massacre_
de_Vassy_1562_print_by_Hogenberg_end_of_16th_
century.jpg#/media/File:Massacre_de_Vassy_1562_
print_by_Hogenberg_end_of_16th_century.jpg; p.95
https://commons.wikimedia.org/wiki/File:Mar-
got_001.jpg#/media/File:Margot_001.jpg; p.97
https://commons.wikimedia.org/wiki/File:Henry%-
26Margot.jpg#/media/File:Henry&Margot.jpg; p.98
https://www.liberation.fr/france/2019/04/15/
de-la-reine-margot-a-la-liberation-notre-dame-ou-l-
eglise-de-la-nation_1721585/?redirected=1&redirect-

ed＝1；p.100-1 https://commons.wikimedia.org/
wiki/File：Francois_Dubois_001.jpg；p.100-2 https://
cs.m.wikipedia.org/wiki/Soubor：Debat-Ponsan-ma-
tin-Louvre.jpg；p.103 https://commons.wikimedia.
org/wiki/File：Entr%C3%A9e_de_HENRI_IV_dans_
Paris_le_22_mars_1594.jpg#/media/File：Entrée_de_
HENRI_IV_dans_Paris_le_22_mars_1594.jpg；p.104
https://ko.m.wikipedia.org/
wiki/%ED%8C%8C%EC%9D%BC：HENRI_IV_
DE_BOURBON.jpg；p.105 https://commons.wikime-
dia.org/wiki/File：Edit_de_nantes.jpg；p.111 https://
commons.wikimedia.org/wiki/File：CheHigh.jpg；
p.116-1 https://en.wikipedia.org/wiki/Joseph_Pulit-
zer#/media/File：PulitzerHearstWarYellowKids.jpg；
p.116-2 https://commons.wikimedia.org/wiki/
File：Judge-2-6-1897.jpg；p.117 https://en.wikipedia.
org/wiki/Spanish%E2%80%93American_War#/media/
File：18980216_Blown_Up_By_Spain_-_USS_Maine_-_
The_Evening_Times_(Washington,_D.C.).jpg；p.119
https://commons.wikimedia.org/wiki/File：Hava-
naSlums1954.jpg#/media/File：HavanaSlums1954.jpg；
p.121 https://commons.wikimedia.org/wiki/
File：Chefamily.jpg；p.122 https://www.britishmuse-
um.org/collection/image/261471001；p.124 https://
commons.wikimedia.org/wiki/File：CheWithMotorcycle.
jpg；p.127 https://commons.wikimedia.org/wiki/
File：Fidel_Castro_1950s.jpg；p.129 https://commons.
wikimedia.org/wiki/File：Granma-route-mine-20.png；
p.130 https://commons.wikimedia.org/wiki/
File：Luis_Korda_02.jpg；p.132 https://en.wikipedia.
org/wiki/File：Attack_near_Playa_Giron._
April_19,_1961._-_panoramio.jpg；p.134 https://
commons.wikimedia.org/wiki/File：1962_Cuba_Mis-
siles_(30848755396).jpg；p.136-1 https://commons.
wikimedia.org/wiki/File：Ernesto_Guevara-Pass-
port1966.png；p.136-2 https://commons.wikimedia.
org/wiki/File：CheinBolivia1.jpg；p.145 https://
commons.wikimedia.org/wiki/File：Samurai_on_horse-
back0.jpg#/media/ファイル：Samurai_on_horseback0.
jpg；p.146 https://collections.lacma.org/
node/207309；p.150-1 https://npg.si.edu/object/
npg_NPG.82.115?destination＝node/63231%3Fedan_
q%3DPeter%2520Bernard%2520William%2520Heine；
p.150-2 https://npg.si.edu/object/npg_

NPG.82.112?destination＝node/63231%3Fedan_
q%3DPeter%2520Bernard%2520William%2520Heine；
p.153 https://www.touken-world-ukiyoe.jp/mushae/
art0016270/；p.156 https://commons.wikimedia.org/
wiki/File：Taisehokan.jpg#/media/File：Taisehokan.jpg；
p.158 https://commons.wikimedia.org/wiki/
File：Surrender_of_Edo_Castle_(Meiji_Memorial_Pic-
ture_Gallery).jpg；p.161 https://dl.ndl.go.jp/
pid/1307308/2/1；p.162 https://commons.
wikimedia.org/wiki/File：Battle-of-Tabaruzaka.jpg#/
media/File：Battle-of-Tabaruzaka.jpg；p.166 https://
commons.wikimedia.org/wiki/File：1873_Seikanron_
Debate_Saigo_Takamori_Ukiyo-e_by_Suzuki_Toshimo-
to.png#/media/File：1873_Seikanron_Debate_Saigo_
Takamori_Ukiyo-e_by_Suzuki_Toshimoto.png；p.170
https://kyudb.snu.ac.kr/book/view.do?book_
cd＝GK12788_00；p.172-173 https://www.museum.
go.kr/site/main/relic/search/view?relicId＝48941；
p.174 https://commons.wikimedia.org/wiki/
File：MingShenzong1.jpg；p.175 https://www.
museum.go.kr/site/main/relic/search/view?reli-
cId＝1350；p.177,181-1 https://kyudb.snu.ac.kr/
book/view.do?book_cd＝GK12734_00；p.181-2
https://encykorea.aks.ac.kr/Article/E0058524；
p.182-1 https://commons.wikimedia.org/wiki/File：%
E8%9B%9F%E5%B1%B1%E8%A8%B1%E7%AD
%A0%EF%C%88%E5%83%8F%E5%9C%96%EF
%BC%89.jpg；p.182-2 https://kyudb.snu.ac.kr/
book/view.do?book_cd＝GH00207_00；p.186
https://commons.wikimedia.org/wiki/
File：%E6%B8%85_%E4%BD%9A%E5%90%8D_
%E3%80%8A%E6%98%8E%E5%A4%AA%E7%A
5%96%E5%A4%A9%E5%91%BD%E7%9A%87%
E5%B8%9D%E6%9C%9D%E6%9C%8D%E5%83
%8F%E3%80%8B.jpg#/media/파일：_佚名《太
祖天命皇帝朝服像》.jpg；p.194 https://en.wikipedia.
org/wiki/California_Dreamin%27#/media/File：Disco_
de_vinilo_-_California_dreamin´.jpg；p.198 https://
artuk.org/discover/artworks/afternoon-tea-158989/
search/keyword：afternoon-tea--referrer：global-search/
page/1/view_as/grid；p.200 https://www.britishmuse-
um.org/collection/object/P_1931-0613-2；p.202
https://commons.wikimedia.org/wiki/File：%E4%B8
%AD%E5%9C%8B%E4%BA%BA%E6%9C%8D

%E9%A3%9F%E9%B4%89%E7%89%87%E5%9
C%96.PNG; p.203 https://commons.wikimedia.org/
wiki/File:Lin_Zexu.jpg; p.205 https://artuk.org/
discover/artworks/nemesis-east-india-iron-armed-steam-
ship-67222/search/keyword:opium-wars─referrer:glob-
al-search; p.207 https://commons.wikimedia.org/
wiki/File:The_Signing_of_the_Treaty_of_Nanking.jpg;
p.208 https://commons.wikimedia.org/wiki/
File:Treaty_of_Nanking_(part_of).png, p.211-1
https://commons.wikimedia.org/wiki/File:PRCFound-
ing.jpg; p.218 https://commons.wikimedia.org/wiki/
File:Ebcosette.jpg; p.222 https://www.meisterdrucke.
de/kunstdrucke/French-School/926520/Der-Krieg-der-
Mehle:-Pl%C3%BCnderung-von-B%C3%A4ckerei-
en-in-Paris,-um-1775-%28Beginn-der-
Franz%C3%B6sischen-Revolution%29-%28Stich%29.
html; p.225-1 https://commons.wikimedia.org/wiki/
File:Serment_du_Jeu_de_Paume_-_Jacques-Louis_Da-
vid.jpg#/media/File:Serment_du_Jeu_de_Paume_-_
Jacques-Louis_David.jpg; p.225-2 https://commons.
wikimedia.org/wiki/File:Prise_de_la_Bastille.jpg; p.228
https://commons.wikimedia.org/wiki/File:Napoleon_
at_the_Great_St._Bernard_-_Jacques-Louis_David_-_
Google_Cultural_Institute.jpg#/media/File:Napoleon_
at_the_Great_St._Bernard_-_Jacques-Louis_David_-_
Google_Cultural_Institute.jpg; p.230 https://
commons.wikimedia.org/wiki/File:Jacques-Louis_
David_-_The_Coronation_of_Napoleon_(1805-1807).
jpg#/media/파일:Jacques-Louis_David_-_The_Corona-
tion_of_Napoleon_(1805-1807).jpg; p.232 https://
commons.wikimedia.org/wiki/File:Napoleons_retreat_
from_moscow.jpg; p.233 https://commons.wikimedia.
org/wiki/File:Plan_of_Moscow_1813.jpg#/media/
File:Plan_of_Moscow_1813.jpg; p.236 https://www.
artsy.net/artwork/eugene-victor-ferdinand-delacroix-eu-
gene-delacroix-la-liberte-guidant-le-peuple-liberty-
leading-the-people; p.239 https://commons.
wikimedia.org/wiki/File:Death_of_Eponine_-_Les_
Miserables.jpg; p.245 https://www.metmuseum.org/
art/collection/search/406380?deptids = 9&-
showOnly = openAccess&ft = sit-
ting + bull&offset = 0&rpp = 40&-
pos = 6; p.247 https://www.nga.gov/collection/
art-object-page.50689.html#provenance; p.249

https://www.brooklynmuseum.org/opencollection/
objects/1552; p.250 https://en.wikipedia.org/wiki/
Tobacco_in_the_American_colonies#/media/File:1670_
virginia_tobacco_slaves.jpg; p.252 https://commons.
wikimedia.org/wiki/File:Indians_ambush_British_at_
Battle_of_the_Monongahela.jpg; p.254 https://www.
wikiart.org/en/jean-leon-gerome-ferris/writ-
ing-the-declaration-of-independence-1776; p.256
https://commons.wikimedia.org/wiki/File:Trail_of_
tears_map_NPS.jpg; p.257 https://commons.
wikimedia.org/wiki/File:Thure_de_Thulstrup_-_Battle_
of_Antietam.jpg; p.258 https://commons.wikimedia.
org/wiki/File:TranscontinentalPoster.jpg; p.259
https://commons.wikimedia.org/wiki/File:Capture_
and_Death_of_Sitting_Bull_by_Kurz_%26_Alli-
son,_1890.jpg; p.260 http://www.primeau.org/1888/
index.html; p.261 https://www.metmuseum.org/art/
collection/search/269557; p.267 https://commons.
wikimedia.org/wiki/File:Roman_empire_395.jpg;
p.269 https://commons.wikimedia.org/wiki/
File:131_Bataille_de_Malazgirt.jpg#/media/File:131_
Bataille_de_Malazgirt.jpg; p.271 https://commons.
wikimedia.org/wiki/File:CouncilofClermont.jpg#/
media/파일:CouncilofClermont.jpg; p.273 https://
artuk.org/discover/artworks/the-dismissal-of-
hagar-78296; p.275 https://www.artnet.com/artists/
james-archer/peter-the-hermit-preaching-the-first-cru-
sade-TxqAK-gEpgx3qWd5KQdboQ2; p.276 https://
commons.wikimedia.org/wiki/File:PeoplesCrusadeMas-
sacre.jpg#/media/File:PeoplesCrusadeMassacre.jpg;
p.280 https://commons.wikimedia.org/wiki/
File:1099_Siege_of_Jerusalem.jpg; p.282 https://
commons.wikimedia.org/wiki/File:Schlacht_von_Mont-
gisard_2.jpg#/media/Dosiero:Schlacht_von_Montgis-
ard_2.jpg; p.283 https://commons.wikimedia.org/
wiki/File:Guy_Sibyla.jpg#/media/File:Guy_Sibyla.jpg;
p.284 https://commons.wikimedia.org/wiki/
File:Gustave_Dor%C3%A9-_Battle_of_Hattin.jpg#/
media/Archivo:Gustave_Doré-_Battle_of_Hattin.jpg;
p.286 https://commons.wikimedia.org/wiki/
File:Siege_of_Zadar.jpg; p.288-1 https://commons.
wikimedia.org/wiki/File:ConquestOfConstantinople-
ByTheCrusadersIn1204.jpg#/media/파일:ConquestOfC
onstantinopleByTheCrusadersIn1204.jpg; p.288-2

- 셔터스톡
p.34-1, p.34-2, p.83-2, p.87, p.88, p.106, p.107,
p.112, p.114, p.139, p.144, p.184, p.196, p.209,
p.210-2, p.221, p.234,

- 소장처
p.26『전국책戰國策』, 1668, 한국학중앙연구원 장
서각
p.52〈부산진순절도〉, 변박(卞璞, ?~?), 1760년,
육군박물관 소장품
p.62-63〈수조도水操圖 병풍〉, 정효현, 연도미상,
경남 통영충렬사